스무 살 어머니

# 스무 살 어머니

정채봉 에세이

샘터

| 책머리에 |

## 물가에서

나 오늘
물가에 나와 앉아서
눈 뜨고서 눈 감은 것이나 다름없던
캄캄한 밤길 걷던 날을 반추한다
풀잎 사운대는 아름다운 노래 있었고
꽃잎 지는 아득한 현기증 또한 있었지
속아도 보았고 속여도 보았지
그러나 이 한낮에는 물가에 나와서
물 건너 먼 데 수탉 우는 소리에
귀 기울이고 있다.

나같이 지난 생의 누구도
물가에 나와 앉아서

눈 뜨고서 눈 감은 것이나 다름없던
캄캄한 밤길 걷던 날을 반추했을 테지
풀잎 사운대는 아름다운 노래 있었고
꽃잎 지는 아득한 현기증 또한 있었을 테지
속아도 보았고 속여도 보았을 테지
그러나 이 한낮에는 물가에 나와서
물 건너 먼 데 수탉 우는 소리에
귀 기울이고 있기도 하였을 테지.


나같이, 지난 생의 누구와 같이 앞 생의 누구
물가에 나와 앉아서
눈 뜨고서 눈 감은 것이나 다름없던
캄캄한 밤길 걷던 날을 반추할 테지
풀잎 사운대는 아름다운 노래 있고
꽃잎 지는 아득한 현기증 또한 있을 테지
속아도 보고 속여도 볼 테지
그러나 이 한낮에는 물가에 나와서
물 건너 먼 데 수탉 우는 소리에
귀 기울이고 있기도 할 테지.

이 책은 나뿐만 아니라 지난 생과 앞 생의 나와 똑같은 사람들의 기록이라고 보면 된다.

용서를 바라며.

정채봉

| 차례 |

책머리에   · · · 5

1 · · · 돌멩이 속으로 난 길

  찔레꽃 아침   · · · 15
  고향 소리   · · · 18
  바다보다 큰 손   · · · 21
  햇빛 통장 속   · · · 24
  촛불 아래서   · · · 27
  가을비   · · · 29
  돌멩이 속으로 난 길   · · · 32
  낙엽을 보며   · · · 37
  사라지지 않는 향기   · · · 40
  연곡리에서   · · · 42

## 2 ··· 벚꽃 담이 무너지던 날

차마 꿈엔들 잊힐 리야 ··· 49

별명을 찾아서 ··· 59

신천지 ··· 64

스무 살 어머니·1 ··· 69

스무 살 어머니·2 ··· 74

벚꽃 담이 무너지던 날 ··· 79

나의 단방약 ··· 82

그 여름날의 삽화 ··· 87

채권 가방 이야기 ··· 91

가을날의 수채화 ··· 94


## 3 ··· 바다로 가는 길

사람은 아름답다 ··· 107

행복 찾기 ··· 110

2월과 바다와 동백꽃과 ··· 113

바다로 가는 길 ··· 118

아름다운 전설의 탄생 ··· 124

풀잎으로 돌아가서 ··· 129

나를 찾아갑니다 · · · 132

미물조차도 사랑스럽다 · · · 137

창을 열라 · · · 142

오늘도 걷는다 · · · 147

꿈을 잃은 벗들 · · · 153

자유에의 길 · · · 157

엽서 여덟 장 · · · 164

나의 기도 · · · 170

4 · · · 꽃과 침묵

함께 바라보는 것들 · · · 179

미안한 시간 · · · 183

다시 한 번 돌아보라 · · · 186

새해 아침에 · · · 189

꽃과 침묵 · · · 193

뼛속의 보석 · · · 195

이런 생산 저런 소비 · · · 198

나를 챙겨 준 방문 · · · 201

없어지는 아이들 · · · 204

나이 많은 아이님 · · · 207

마침표와 첫 마음 · · · 210

몸의 녹슬기 · · · 214

간절한 삶 · · · 217

단상 · · · 220

## 5 · · · 그리운 산풀 향기

도둑질할 것이 없는 집 · · · 229

그리운 산풀 향기 · · · 232

작은 것으로부터의 사랑 · · · 235

바다보다 싱싱한 그대 · · · 240

꽃보다 아름다운 향기 · · · 247

천국 지도를 가진 여자 · · · 251

흙이 참 좋다 · · · 255

물질을 티끌로 보아라 · · · 261

# 1
# 돌멩이 속으로 난 길

# 찔레꽃 아침

5월의 아침은 첫눈 온 날 비로 마당을 쓴 것처럼 신선하다.

새벽잠을 털어 낸 아낙이 머리에 하얀 수건을 쓰고 대문을 따면 바람이 한 바퀴 뒤꼍까지를 돌아 밤 자국을 마저 헹구고 성근 대밭으로 빠져나간다.

그때부터이다. 밤새 달그락거리며 살강 밑을 오고 가던 쥐들이 숨고 나면 외양간의 점잖은 소가 그의 목에 달린 쇠방울로 기척을 한다.

감나무 밑에는 감꽃이 숭숭숭 져 있고 담장 밑 붓꽃은 이제 막 파란 잉크 빛으로 피어나고 있고 담장을 타고 오르는 호박순은 또 하룻밤 사이에 한 뼘이나 자랐다.

어디 5월의 밤사이에 생긴 일이 이뿐이랴. 텃밭에는 고추 꽃이 이울면서 고추가 갓 생겨나고 가지 또한 꽃이 이운 자리에는 개도토리처럼 가지가 빠끔히 비어져 나오고 있다. 그리고 또 완두콩 두렁에는 보랏빛으로 핀 완두콩 꽃이 한창인데 달팽이란 녀석이 엉거주춤 나와 앉아 꽃향기를 대하고 있는 것을 볼 수 있기도 하다.
  이 아침 길을 걸어 보라. 풀숲에서 묻어 드는 이슬로 하여 바짓가랑이는 후줄근히 젖고 연못에 비껴들어 있는 하늘은 어이 저리도 청순한가. 거기에 떠 있는 한 송이 수련은 여기 지상이 좋아 얼른 하늘로 돌아가지 못한 별처럼 여겨지기도 한다.
  5월. 이 중에서도 나를 황홀케 하는 것이 있다. 이것은 보리밭 언덕이고 방죽 길이고 냇가이고를 가리지 않고 하얗게 피어나는 찔레꽃이다.
  어린 시절 우리들은 소꿉 살림을 살 때, 이 꽃잎을 따서 조개껍데기에 담아 밥으로 삼곤 하였는데 이 꽃향기가 너무도 아까워 입으로보다는 코로 더 많이 냠냠거렸던 것을 기억한다.
  아니, 찔레꽃에 대한 상념도 보리처럼 익어 가고 있는 5월이다.
  문정희 시인은 〈찔레〉라는 시에서 이렇게 읊고 있다.

    꿈결처럼
    초록이 흐르는 이 계절에
    그리운 가슴 가만히 열어
    한 그루
    찔레로 서 있고 싶다.

사랑하던 그 사람
조금만 더 다가서면
서로 꽃이 되었을 이름
오늘은
송이송이 흰 찔레꽃으로 피워 놓고
먼 여행에서 돌아와
이슬을 털듯 추억을 털며
초록 속에 가득히 서 있고 싶다.
그대 사랑하는 동안
내겐 우는 날이 많았었다.
〔중략〕

  그래, 지금 사랑에 우는 사람도 있을 것이다. 참깨를 털듯 추억을 털어 내는 사람도 있을 것이다. 사랑의 아픔이 꽃이 아니라 가시가 되는 사람도 있을 것이다.
  그러나 이 5월에는 초록이 소록소록 쟁이는 달이므로 울음도, 추억도, 아픔조차도 아름다운 녹음 속에 감싸 안을 수가 있는 것이다.

# 고향 소리

깊어 가는 밤에 고향을 지키고 사는 친구한테 연락할 일이 있어서 전화기 앞에 앉았다. 한참 신호를 보내고서야 저쪽 편에 친구가 나왔다.

왜 이렇게 전화를 늦게 받느냐는 나의 타박에 친구는 행랑방에서 새끼를 꼬고 있었노라고 했다.

그런데 수화기에서는 친구의 정겨운 목소리 너머로 아득히 개 짖는 소리가 들렸다. 내가 웬 개 짖는 소리가 들린다고 하자 친구는 "우리 복실이가 하도 달이 볼근께 달 보고 짖는갑다"고 대답했다.

내가 참 오랜만에 들으니 고향의 개 짖는 소리조차도 듣기 좋다고 하자 친구는 좀 기다리라 하고선 아예 전화기를 마루로 들고 나가서 복실이 쪽으로 수화기를 돌려 댄다고 하였다. 그러나 그땐 이미 주인을 알아본 이 집 복실이가 짖기를 뚝 그치고 꼬리를 흔드는 모양이었다. 수화기에서 친구의 "야, 이놈아, 짖어! 짖으란 말이여" 하는 소리만 반복되는 것이어서 나를 웃게 하였다.

그러더니 지난 늦가을 어느 날 밤이었다. 전화벨이 울려서 받았더니 이 고향 친구가 다짜고짜로 "들어 보라잉" 하고선 아무런 소리가 없었다. 웬일인가 싶어 가만히 귀를 기울였더니 '또르륵 또르륵' 하고 귀뚜라미 소리가 들리는 것이었다. 이 얼마나 고마운 선물인가.

나는 친구한테 시외 통화료의 열 곱어치의 술을 사겠노라고 약속했다.

그런데 섣달 그믐날 밤이었다.

텔레비전으로라도 제야의 종소리를 들으려고 앉아 있는데 고향의 이 친구가 전화를 걸어 왔다. 무엇 하고 있느냐고 해서 제야의 종소리를 들으려 기다리고 있다고 했더니 술을 한잔하였는지, 단번에 욕지거리가 얹혀 나왔다.

"염병허네. 야, 종소리가 울린다고 먼동이 튼다냐? 닭이 울어야제. 첫닭이 울어야 새벽이 온단 말이여. 자라, 자. 나가 우리 동네 첫닭이 우는 소릴 전화로 들려줄 텐께. 그 소리로 새해를 멋들어지게 열으란 말이여. 알겄냐?"

나는 그 말도 옳겠다 싶어 잠자리에 들었다. 그러나 잠자리에서 눈을 떠보니 창이 훤하게 밝아 있지 않은가. 이 친구에게 전화를 걸어서 한마디해 줄까 하다가 1월 1일 아침이라서 참았다. 그런데 초이튿날 꼭두새벽이었다. 전화벨이 울려서 받았더니 고향 친구 목소리였다.

"미안타잉. 염병헐, 술이 병이다. 일어나 본께 해가 엉덩이에 떠뿌렸지 뭐냐. 시방 첫닭이 멋지게 운다. 이 소리로 유감 있으문 풀어 부러라, 잉!"

# 바다보다 큰 손

 떠나오던 날 태풍이 올라왔다. 기차를 탔으니 망정이지 다른 교통편을 택했더라면 오지도 못했을 것이다.
 숙소에 짐을 던져 놓고 친구더러 바닷가로 나가자고 했다. 이런 비바람에는 우산도 소용없다며 친구가 망설였지만 잔잔한 바다도 좋으나 포효하는 바다가 보고 싶다고 졸라서 마침내 동의를 얻었다.
 방파제에 이르니 철책을 치고서 이 이상 들어갈 수 없다고 수부들이 앞을 막았다.
 바다는 화가 나도 단단히 난 표정이었다. 먼 데서 하얀 갈기를 세우며 꿈틀꿈틀 달려와서는 벼랑이고 방파제고 가리지 않고 사정없이 때렸다. 그러면 물기둥이 하얗게 솟아 전신주를 훌쩍훌쩍 넘어가는 것이었다.
 그런데 옆에 서 있던 수부가 앙칼진 표정의 파도를 가리키며 "저건 일 저지를 것 같은데" 하고 말하였다.

아니나 다를까. 그 파도는 '딱' 소리를 냈는가 싶더니 방파제의 한쪽 귀퉁이를 물어뜯어서 바위 덩어리를 우리 앞에 냅다 던져 놓고 물러가는 것이었다. 실로 놀라운 힘이 아닐 수 없었다.

인간들이 저들을 무시하며 밟아 대고 오염시키는 것을 묵묵히 감내하고 있다가 드디어 저렇게 터뜨리고 마는 무서운 분노를 한번쯤 생각해 볼 필요가 있을 것이다.

권력자에 대한 민중의 분노도 저처럼 솟아올라서 종종 역사를 정리해 오고 있지 않았는가.

돌아오는 길에 친구가 이런 말들을 했다.

"무엇이 미물이고 무엇이 영물인지 알다가도 모를 때가 많단 말이야. 바닷가 바위틈에 사는 강구라는 벌레가 있거든. 이 녀석들은 태풍이 오기 전날, 이미 알고 뭍으로 피난을 가버려."

"태풍은 바다의 대청소를 하는 것이기도 해. 물속 깊이 가라앉아 있는 쓰레기들을 확 뒤집어서 끌어내 놓거든. 그것뿐만이 아니야. 이렇게 한 번씩 뒤집어서 바닷고기들한테 먹이를 새로 내놓는 일도 하고 있는 거야."

이날 밤, 파도 소리를 들으면서 잠자리에 든 것 또한 좀처럼 있기 어려운 일이었다. 그것도 벽이 쿵쿵 울리는 파도 소리를. 이불을 뒤집어쓰고 잠이 들었다가도 철썩거리는 소리에 깨어 보면 물소리가 좌르르르 좌르르르 나곤 했다.

밤새 파도 소리가 귀를 씻어 준 덕분일까. 새벽녘에 너무도 영명히 물새들 우는 소리에 잠이 깨었다.

창문을 열고 보니 바다는 언제부터인지 고요히 잠들어 있었다. 꼭 떼를 쓰고 울던 아기가 새근새근 조용히 잠든 것과 흡사했다. 아아, 저 바다보다 큰 손이 어디 있어서 달래어 잠재웠는가.

하루해를 태풍이 지나간 바닷가에서 보냈다. 해파리며 해당화 가지며 외짝 구두짝이며 조가비들이 어질러져 있는 바닷가에 어민들이 하나씩 둘씩 나타났다.

남자들은 다시 배에 오르고 여인들은 조개를 줍는다. 언제 그랬느냐 싶게 잔잔한 저 바다. 그렇다. 태풍은 어제 지나간 것이고 오늘은 태평이 있을 뿐이다.

돌아서려는 나를 낙조가 붙들었다. 해는 수평선에 내려올수록 점점 커지고 더욱더 투명해지는 것이었다. 뚝 따서 등에 지고 가고 싶을 만큼.

마침내 해가 수평선에 닿고 반쯤 잠기고, 그리고 이내 남아 있던 눈썹마저도 넘어가서 지피는 저 기막힌 저녁노을…….

이 황홀이 식을까 봐 서둘러 여기 바닷가를 떠난다. 안녕.

## 햇빛 통장 속

추석 아침상은 햇빛 통장의 진열대이다. 햅쌀밥이며 능금이며 대추, 토란, 도라지, 푸성귀, 어느 것 한 가지 봄부터 가을까지 한 햇빛 저축 아닌 것이 있는가.

이날 아침만은 늘 불만이 많은 삼촌의 얼굴도 넉넉한 표정이 되고 어머니와 큰형수는 무엇 한 가지 빠졌는가 싶어 부엌 길이 바쁘고 멍멍이도 덩달아서 장독대를 몇 번이고 따라 오른다.

사실 이날을 맞기 위해 그동안 우리는 얼마나 많은 애통을 겪었는지 모른다. 아버지의 저렇게도 늘어난 흰 머리카락에는 자식 몰래 내쉰 한숨이 배어 있고 어머니의 저 골 깊어진 주름살에는 남모르게 흘린 눈물이 스며 들어가 있다.

그것은 타향살이를 한 우리도 마찬가지이다. '이런 일을 하지 않으면 밥 못 먹고 살까 보냐'고 마음껏 소리 한번 질러 보고 물러 나오고 싶은 적이 어디 한두 번 있었던 일인가.

그러나 우리는 화장실에 가서 얼굴을 씻으며 눈물을 씻었고 소주 한 잔에 울분을 타서 마시며 참아 내었다.

이번 귀향길도 우리는 표 샀보다도 더 비싼 인내를 주고서야 올 수 있었지 않았는가.

고향이 무엇이고 부모 형제가 무엇이냐고 훌쩍 돌아서고도 싶었지만, 그러나 이렇게 그리운 집에 발을 들여놓는 순간 그렇게도 무성하던 원망과 고통은 순식간에 눈 녹듯 씻겨 버렸으니 참 기이한 일이 아닐 수 없다.

군에서 휴가 나온 막내가 어디 손등 터지고 기합받은 고통을 이야기하는가. 재수 좋아 좋은 데 배치받아서 끗발 부리며 지내고 있노라는 허풍도 이날만은 귀엽기만 하다.

고향은 이미 고향이 아니라고 누가 말했던가. 그 넓던 신작로도 이제 보니 달구지 하나 비켜 가기 어렵고, 비 오는 날 밤이면 귀신이 나온다고 하여 그 무섭던 재 너머 공동묘지 길도 허허롭기만 하고……

그러나 고향 길에 서면 우리의 가슴은 왠지 넉넉해진다. 들녘에 서 있는 허수아비에게도 괜히 말을 걸어 보고 싶고 발부리에 차이는 돌 하나에도 정이 가는 것은 여기가 타향이 아닌 고향이기 때문일 것이다.

소꿉장난할 때, 내가 아빠 하면 엄마 노릇을 잘도 하던 그녀는 부산으로 시집을 가서 아들만 셋이라던가.

 이 아침만은 어머니가 자꾸 먹어 보라고 권하는 것도 짜증 부리지 말고 덥석덥석 받아먹어 볼 일이다. 이 아침만은 안 보이는 형제의 덕담도 나눠 볼 일이다.

 아아! 이 아침만은 그 옛 뒷동산으로 올라가 벌렁 누워 눈이 시게 푸른 저 하늘을 바라볼 일이다. 시원한 고향 바람을 가슴 가득 들이마셔 볼 일이다.

# 촛불 아래서

이제는 여름이 일찍 찾아오는 것 같다.

모처럼 이른 시간에 귀가해서 수제비를 부탁해 저녁을 먹었다. 선풍기 바람을 쐬며 텔레비전을 보고 있는데 갑자기 전기가 나갔다.

주위가 온통 캄캄하다. 텔레비전도 어둠이고 선풍기도 서버리고 그야말로 암흑천지다. 한참을 헤매다 간신히 초를 찾았다. 초에 불을 붙이니 주위가 다소 밝아졌다. 그런데 어쩐지 거실이 달라 보인다. 희미한 만큼 다소곳하고 차분하다.

전깃불 아래서는 요란했던 것이 사실이다. 선풍기는 죽어라고 돌아가고 텔레비전은 악을 써대고 유리컵들조차도 반짝거렸었다. 그런데 조용한 촛불 아래서는 은근하고 부드럽기만 하다.

나는 오랜만에 서랍 속에 잊혀 있던 부채를 기억해 냈다. 전주 갔을 때 하나 사왔던 것인데 내 어린 시절을 잘 아는 김 화백이 거기에 소나무와 강과 여름 아이들을 실어 주었다.

촛불 아래서 부채를 부치면서 보내는 여름밤이 누구에게나 있었을 것이다. 강에서 물장구치면서 내일에 대한 걱정 없이 지내던 동심의 여름도 있었을 것이다.

반딧불이를 쫓다가 돌아오던 동네 앞길, 달빛이 홑이불처럼 널려 있던 그 길이 촛불이 아득히 번져 나간 유리창 저 너머로 아득히 떠오른다.

할머니가 부채로 땀을 들여 주고 모기를 쫓아 주었다. 등을 긁어 주었고 잠투정까지 들어주었다. 자다 깨어 보면 할머니의 삼베 치마 속에 묻혀 있곤 했었지…….

갑자기 형광등이 번쩍거린다. 선풍기가 다시 돌기 시작하고 텔레비전이 소리를 내지른다. 여기저기서 와! 하는 환성이 터진다. 그것은 희미한 촛불한테 눌려 있던 우리 속의 강한 것들이라고 할 수 있다.

물론 강한 것들이 모두 나쁘다는 것은 아니다. 그러나 오늘의 우리는 강한 것들에 둘러싸여서 내 자신 속의 여림을 한시도 챙겨 볼 수 없다는 데 문제가 있는 것이 아닐까.

빛이 강하면 그림자도 진한 법이다. 네온사인과 같은 현란한 오늘의 일상사 속에서 개인이 스스로를 돌아볼 수 없는 데서 파멸되고 마는 삶이 많다고 생각한다.

오늘 저녁은 자기 스스로 전깃불을 내보내고 촛불을 들여서 자기를 관조해 보는 시간이 있어야 할 필요를 알게 한 저녁이었다.

## 가을비

　가을비를 보고 있으면 겨드랑 밑에서 꺼내 본 투명한 체온계의 눈금처럼 마음속 온도 또한 서서히 내려가는 것을 느낀다. 이 비 맞아서 푸른 풀잎에 신열이 나겠구나, 양껏 푸르러 있던 콩잎도 한 켜쯤 바래지겠구나 하는 쓸쓸한 안부를 짐작게 하는.
　어떤 이의 가슴속에서는 이미 재가 되어 버린 사연이 다시 부활할 것처럼 꿈틀거릴는지도 모른다.
　박용래 시인은 이 가을비를 이렇게 읊기도 하였다.

　　앞산에 가을비
　　뒷산에 가을비
　　낯이 선 마을에 가을 빗소리
　　이렇다 할 일 없고
　　기인 밤

모과차 마시면
가을 빗소리

나는 언젠가 수채화 한 폭 앞에서 오래 머문 적이 있다.
그것은 비 오는 날의 어느 한적한 길갓집 처마 밑에 예닐곱 살쯤 되어 보이는 여자 아이가 벽에 기대어 서서 낙숫물이 떨어지고 있는 정경을 하염없는 표정으로 보고 있는 것이었다.
어른들은 아이들을 가리켜 발랄하다고만 말하나 아이들도 빗속에 갇히면 저렇게 외로운 사색에 젖어 드는구나 하는 것을 느꼈다.
그런데 그 그림을 보고 돌아서는데 문득 내가 비에 갇혔었던 순간들이 밟히는 것이었다.
지금은 우산이 흔하나 예전에는 그렇지 못했다. 가장 낭패스러운 때가 하교 시에 비 올 적이었다.
어떤 날은 책보를 저고리 속에 동여매고 달려서 집으로 돌아오기도 했고 또 어떤 날은 잎 넓은 오동 잎이나 토란 잎을 따서 우산인 양 머리 위에 받고 다니기도 했었다.

지난해 가을 어느 날이었다. 시골 길을 가다가 비를 만났다. 인가가 보이지 않는 외진 길에서 그것도 양복 입은 채로 비를 맞는다는 것은 여간 처량하지 않다. 마침 저만큼 비각이 있기에 뛰어 들어갔다.

그런데 그곳에는 먼저 온 손님이 있었다. 여자 아이 둘이었는데 말을 시켜 보니 초등학교 3학년과 1학년인 자매였다. 두 아이는 면 소재지에 있는 약국에서 아버지 감기약을 지어 오는 길이라고 했다.

동생 되는 아이가 처마 밖으로 손을 내밀어 비를 받아서 팔뚝에 쓱쓱 문질러 보더니 말했다.

"언니, 붉은색이 안 나오잖아?"

다음에는 손에 비를 받아 손가락으로 찍어 맛을 보더니, "언니, 달지도 않은데?" 하고서 원망스러운 눈빛으로 쳐다보고 있었다.

의아하게 생각하고 있는 나를 의식했는지 언니 되는 아이가 입을 열었다.

"가을비 속에는 단풍 물도 들어 있고 단물도 들어 있다고 말했거든요. 우리 선생님이 그러셨어요."

내가 그 애 대신 설명해 주었다.

"가을비는 각자한테 다르단다. 단풍잎에 들면 붉어지고 감한테 들면 달아지고 벼한테 들면 뜨물이 되지. 그리고 너희한테 들면 맑아지고 말이야. 저 언니 보아라. 비 맞아서 더 하얗고 더 예쁘지 않니?"

고개를 끄덕이던 그날의 앙증스러운 꼬마의 얼굴이 떠오른다. 그러나 지금은 산성비라는 것 때문에 그렇게 말하기도 어려운 때가 되고 말았다.

## 돌멩이 속으로 난 길

내 방의 반닫이 위에는 작은 돌멩이 하나가 놓여 있다. 수석 수집가도 아닌 내가 보고 있는 이 돌멩이는 평범하기 그지없는, 오늘도 아무에게나 밟히고 있을 그런 돌멩이 중의 하나이다.

그러나 내가 이 돌멩이를 눈에 잘 띄는 자리에 두고 있는 것은 이 돌멩이에 우리 고향으로 잦아드는 노령산맥이 곧은 뼈로 질러 있기 때문이기도 하지만 햇김 같은 동심의 순결이 묻어 있는 고향의 것이기 때문이기도 하다.

저 돌멩이를 주워 가지고 오던 날이 떠오른다.

직장 일로 한 달에 사나흘씩은 꼭꼭 들러야 하는 인쇄처가 서울역을 거쳐 가야 하는 길목에 있다. 건너가는 육교가 역사(驛舍) 바같에 있기도 한데 나는 열차를 타고 어디라도 갈 것처럼 유유히 역 구내로 들어가곤 한다. 그럴라치면 몇 시 몇 분 출발 어디 행 무슨 호가 개찰을 시작하였다느니, 어디 행 무슨 호가 지금 곧 발차한다느니 하는 안내 방송이 귀를 온통 차지하면서 '그 내음'도 훅 코에 끼쳐 든다.

　내가 말하는 '그 내음'이란 많은 사람들이 들고나는 대합실의 독특한 내음을 말한다. 내가 사실 그냥 지나쳐도 좋을 여기를 굳이 들르곤 하는 것은 고리타분하다고 해야 할 이 유쾌하지 못한 내음 때문인지도 모른다. 그 내음을 대하면 고향을 떠나오던 날의 새벽이 떠오르고 고향을 찾아가던 날의 환희도 되새겨지는 것이다.

　고향 사투리가 가을날의 낙엽처럼 나뒹구는 역 대합실. 때로 거기에 우두커니 서 있자면 흘러가 버린 나의 옛 모습이 홍안의 젊은이들 속에 오버랩 되기도 하고 잊고 있었던 사람의 그림자가 스치는 것을 느낄 수도 있다.

　그날, 일을 마쳤을 때는 밤이 늦은 시간이었다. 추적추적 내리는 봄비를 비닐우산으로 받치고 동료들과 함께 포장마차로 들어갔다. 그날은 빗소리가 안주보다도 더 술잔을 비우게 했던 것 같다.

　술자리에서 일어나 동료들과 헤어져 역 구내로 들어서니 '전라선 오늘의 마지막 열차'라는 안내 방송이 귓속 깊이 들어왔다. '그래 가자'라고 나는 나한테 말했다.

　호주머니에서 구겨진 지폐를 꺼내 표를 살 때는 오랜만에 가슴이 두근거렸다.

　그러나 막상 열차에 오르고 보니 비가 들이치고 있는 유리창 저편에 아내와 아이들이 들어섰다. 나는 '봄비 때문이야' 하고 중얼거렸다. 열차는 이내 남녘을 향해 힘찬 기적을 울렸다.

　나는 그제야 여행 준비가 아무것도 되어 있지 않은 상태를 깨달았다. 심지어 손에 작은 책 한 권도 쥐여 있지 않았다. 나는 차를 타고선 잠을 자지 못하는 이상한 면이 있다. 3년째 한 권으로 쓰고 있는 수첩을 꺼내서 지난 메모나 반추하기로 하였다.

　신문 사회면에서. 전주에서 일어난 사건. 땅이 없는 농부가 하천 부지를 개간해 옥수수를 갈았다. 옥수수는 무럭무럭 자라 수염을 늘어뜨리고 여름 태양 아래 한창 익어 가고 있는데 구청 단속반원들이 들이닥쳐 도시 미관에 해된다고 옥수수를 베어 버리라는 통지. 농부는 열흘만 주면 그 열흘 동안에 옥수수가 익을 터이니 그때 옥수수를 딴 다음에 베겠다고 통사정을 하였으나 단속반원들은 그 열흘을 기다려 주지 않고 트레일러로 갈아엎어 버리고 말다. 이에 절망한 농부는 농약을 막걸리에 타 마시고 죽음.
　탱크, M16, 핵미사일, 이런 것들이 박물관으로 들어갈 날은 언제 올까.

　소녀의 첫 문장이 특별하다.
　"야릇한 봄이 또 오고 있다."

백양사에서. 짧은 나뭇가지도 긴 그림자를 늘어뜨리는 가을 해 질 무렵 객사로 드는데 참새 한 떼가 뒤따라와 감나무 가지 위에 앉는 것을 보다. 창호를 닫고 앉으니 바람이 불 적마다 한두 마리씩 날아가는 것이 거기에 비치다. 한정 없이 날아가고도 아직 남아 있는가 싶어서 문을 열고 내다보니 날아간 것은 낙엽이고 아직 남아 있는 것은 참새들인 것을……

　밤새 달린 열차에서 줄기차게 내린 비와 함께 아침을 맞았다. 그러나 고향의 비는 서울에 오던 비와는 달랐다. 역 근처에는 벚꽃비로 내리고 있었고 방죽에는 냉이꽃비로 내리고 있었다. 그리고 앞서 가는 여인의 머리에는 조롱조롱 은구슬비로 내리고 있었으며.
　내가 자란 마을로 가는 버스는 두 시간 후에나 있다고 했다. 나는 모처럼 20여 리 길을 걸어 보아야겠다고 마음먹었다. 그 순간 문득 떠오르는 어린 날의 삽화가 있었다.
　그래, 고향 마을에서 기차를 구경하기 위해 무단 출타해서 이 길을 걸어왔던 적이 있었지. 초등학교 1, 2학년 때였을걸, 아마. 신작로를 따라가면 기찻길이 나온다는 말만 믿고 서너 아이들과 함께 동구를 떠났었어. 레일 위에 올려놓아 기차가 지나가 주면 칼이 된다는 못을 하나씩 지니고서 말이지. 그런데 진달래 꽃잎을 따먹으며 마침내 이른 기찻길에는 황혼이 드리워지고 있었어. 침 묻힌 못을 레일 위에 올려 두고 아무리 기다려도 기차는 오지 않고 어느덧 하늘에는 별이 돋았고. 그래, 돌아오던 깜깜한 밤길은 무섭기만 했어. 돌에 차이고 나무뿌리에 걸려 넘어지고……. 아아, 그리하여 마침내 오리목 숲 모퉁이를 돌아섰을 때 꿈결처럼 수많은 등불이 공동묘지 갈래길에 줄지어 오고 있었지. 우리들의 이름을 부르며.

그러나 그날의 그 길에서 나는 실비 속에 떠오는 상여를 보았다. 누구인가, 대처로 가는 길이 아닌 공동묘지 길로 돌아서 가는 우리 동네 저 사람은.

그 길에서 나는 돌멩이 하나를 주워 호주머니에 넣었었다. 그때는 너무도 허해지는 공복감 때문이기도 했었는데 이제는 참 여러 가지를 생각게 해주는 돌멩이이다. 고향과 동심, 그리고 생과 사의 갈림까지도.

저 돌멩이 속으로 난 길을 알아보리라.

# 낙엽을 보며

창밖을 바라보시지요. 거기 어디쯤 서 있는 나무에서 마악 떨어지고 있는 나뭇잎이 있을 것입니다.

단풍이란 사실 말라 가는 얼굴빛이지 않은가요? 결핵을 앓는 여인의 뺨에 저녁 무렵이면 떠오르는 말간 노을 기운과도 같은.

그 마른 잎이 지금 나무를 떠나고 있습니다. 더 머물게 해달라는 애원도 없이 초연히 떨어져 땅에 눕고 있습니다.

봄날에는 그처럼 싱싱하게 움트던 것들이 아니었습니까. 오뉴월에는 꽃보다도 찬란하다고 한 신록이 아니었습니까.

그동안 저들은 나무를 위하여 한시도 쉬지 않고 바람과 햇빛과 비의 영양분을 거두어들였습니다.

벌레들에게 제 몸을 뜯기기도 하였습니다만, 그러나 남은 초록만으로 지금까지 포기하지 않은 삶입니다.

생의 희열을 푸르게 푸르게 희구하였으며 아무리 작은 바람에도 춤을 추며 살아온 나날이었습니다.

　나무의, 눈으로 빛을 쫓았습니다. 귀로 바람을 쫓았습니다. 입으로 비를 쫓았습니다.

　어떠한 감수성도 저 나뭇잎만큼은 따를 수 없었을 것입니다. 바람의 파장마다 음표처럼 나부꼈고 달마다의 움직임이 꼭 그만큼씩 이행되었습니다.

　어떠한 가뭄에도 나무를 지키며 어떠한 큰물에도 나무를 지키고자 혼자 처연히 버티었던 저들.

　한여름에는 바람을 되받아 선들바람을 키웠으며 그늘을 드리워 땀에 젖은 길손들을 쉬어 가게 하였지 않습니까.

　그러나 이제 지는 마당에서 한 점 자신의 공을 드러내려 하지 않습니다.

　자신의 한때를 뒤돌아보며 안타까워하는 사람은 저 나뭇잎을 보십시오. 저들에게도 꽃보다도 찬란하다고 칭송받던 시절이 있었으나 지금은 저렇듯 무료합니다.

　자신이 희생되었다고 원통해하는 사람은 저 나뭇잎을 보십시오. 나무를 위하여 한시도 쉬지 않았던 저들은 '줌' 자체를 돌아보지 않습니다.

　움직이지 않는 상대를 향해 미운 얼굴을 보이는 사람은 저 나뭇잎을 보십시오. 떠나면서 오히려 단풍으로 치장을 하는 저들이 아닙니까.

이제 저들이 집니다.

그러나 저들은 지는 것으로 생을 마무리하지 않습니다. 마른 몸이나마 흙으로 묻혀 들어 한 줌 거름으로 나무 밑에 마저 가길 원합니다.

하지만 당신은 나뭇잎보다도 몇백 배, 몇천 배 무겁고도 큰 존재가 아닙니까.

부끄러워할 줄도 알아야겠습니다.

# 사라지지 않는 향기

경복궁에 가면 '향원정'이라고 하는 정자가 못 가운데 있다. 이름 그대로 멀리서 오는 향기를 대할 수 있는 정자라는 것이다.

그러나 한편 우리는 이렇게도 생각해 볼 수 있다. 그렇다면 그곳에는 어떠한 사람도, 그러니까 코가 욕심에 의한 매연으로 메워져 있는 사람도 멀리서 오는 향기를 맡을 수 있느냐는 것.

우리는 배가 고파 있을 때 먼 데의 찌개 끓는 냄새에도 지극히 코가 예민해지던 것을 기억하고 있다.

꽃향기도 마찬가지이리라. 어떤 곳이냐가 아니라 어떤 마음이냐에 따라 꽃향기가 들 수도 있고, 들지 않을 수도 있다.

곧 멀고 가까운 것은 거리가 아니라 '열린 마음'이냐 '닫힌 마음'이냐에 달려 있는 것이 아닐까.

썩어 가는 것에서는 악취가 난다. 특히 숨을 멈춘 동물은 이내 부패하게 마련인데 어찌나 심한지 코를 막고 싶어 하게 하는 것이다.

그러나 식물은 다르다. 산풀을 베어 와서 마당가에 널어 본 사람은 기억할 것이다. 산풀의 그 향긋한 향기를.

나무를 잘라도 그렇다. 베어 넘어진 소나무에서는 풋풋한 솔 향이 묻어난다. 아카시아 나무에서는 아카시아 향이 묻어나고 전나무에서는 전나무 향이 묻어난다(루오는 '향나무는 찍는 도끼날에도 향을 남긴다'는 명언을 남겼지). 장작을 쪼개어서 가지런히 재어 놓는 산사의 나뭇단 곁을 지나가 보라. 고기 두름에서 나는 냄새하고는 전혀 다르다.

아니, 썩어 가면서 악취 아닌 향내를 풍기는 것들이 있다. 과일이 그러하다. 그중에서도 유자나 탱자, 그리고 모과와 사과가 서서히 썩어 가면서 나는 냄새는 가을 방을 가득 채우고도 남는다.

우리 사람 또한 동물의 몸을 취하고 있다. 그렇기 때문에 병이 들면 악취를 내게 된다.

우리 사람 속의 영혼은 식물성이지 않을까 생각해 본다. 이 세상을 다녀간 분들 중 성인은 스러질 줄 모르는 향기를 남겼지 않은가 말이다.

# 연곡리에서

"모가 파릇파릇해진 것을 보니 이제 땅 맛을 보았는가 보네."
 옆집 아저씨의 이 한마디에서 나는 새삼스럽게 땅의 생명성을 생각했다.
 호주에 갔을 때 거기 호텔 메뉴가 재미있었다.
 곧 토마토 감자가 '땅의 어머니께서 내주신 양식'으로 기재되어 있었던 것이다.

 우리는 흔히들 말한다.
 "눈 깜박하는 사이에 일주일이 지나갔군그래."
 "세월이 너무 빨라. 벌써 6월이라니."
 그러나 나는 농막에를 일주일 만에 찾아와서 '일주일도 이렇게 긴 기간이구나' 하는 것을 새삼스럽게 깨닫는다. 그것은 반 뼘이던 코스모스 모종이 몰라보게 훌쩍 자라 있는 것도, 손가락만 한 오이가 개

발목만 해져 있는 것도 이 일주일 동안이었기 때문이다. 하기는 하루살이 미물에게는 하루아침과 저녁이 그들의 일평생이지만.

배추밭에 나가 있는 아내를 찾았다. 아내는 머리에 밀짚모자를 쓰고서 배추밭 고랑에 엎드려 있다.

"김을 매는가?" 하고 묻자, "솎음질을 하고 있어요"라고 대답한다.

'그만하면 드문드문 난 편인데 그냥 두지 그러느냐'고 하자 아랫집 할머니가 채소는 주인네 발소리를 듣고 자란다며 지금부터 주인네 발소리 손놀림을 배추 귀에 익히게 하라더란다.

제법 실한 배추를 솎아 내버린 것이 있어서 한마디했더니 아내의 대답이 재미있다.

"여럿이 나누어 먹어야 할 것을 저 혼자 먹어 대는 놈은 어려서부터 없애야 해요."

건너편 솔숲에 백조가 날아와 앉는 것이 간혹 눈에 들어온다. 오늘은 하늘이 유별나게 파래서인지 와카야마 보쿠스이(若山牧水)의 시가 생각난다.

　　백조는 어이 슬프지 않으리오
　　하늘의 푸르름 바다의 푸르름에
　　물 아니 들고 떠 있네.

오늘은 기분 좋은 날.

밭언덕에 우두커니 서 있는데 고추밭에서 아내가 소리 지른다.

"여보, 가만히 있어. 당신 어깨 위에 고추잠자리 앉아 있다."

히야! 그렇다면 이 녀석한테는 내 어깨가 나뭇가지나 풀대궁쯤으로 보였다는 말이 아닌가.

이 자랑을 누구한테 하면 함께 기뻐해 줄까?

논두렁 길을 걷는데 지레 겁을 먹은 개구리가 팔짝팔짝 죽어라고 도망한다. 문득 두루미를 쫓아 경중경중 걷던 날이 떠오른다. 훌쩍 날아 버리면 될 것을 어린 나한테 제 걸음걸이 연습을 시키려고 그랬던지 꼭 그만한 간격을 두고 경중경중 걸어가던 두루미. 그 두루미가 멈춰 서서 목을 빼어 바라보던 재 너머. 거기에는 무지개가 떠 있었지.

방송국에서 일하는 친구한테서 듣다. 코미디 프로 제작을 담당할 때였는데 가장 기억에 남은 것은 〈거지 왕초의 유산〉이라고. 곧 왕초가 죽을 때가 되어 사랑하는 제자들을 불러 유품을 물려주는데 벙거지, 외투, 거적, 깡통 등을 고루 다 나누어 주고, 가장 사랑하는 제자만은 따로 불러서 깊숙이 숨겨 둔 문서 한 장을 건넸더라나. 거기에는 유명 부자와 정승네의 생일과 제사 날짜가 죽 적혀 있었는데 그걸 받아 든 수제자는 북북 찢어 던지며 이렇게 말하게 하였다고 한다.

"왕초님, 저를 썩은 거지로 만들 생각이십니까?"
요즘의 자녀 사랑에 한번쯤 음미해 볼 내용이다.

가을 햇볕이 드는 아침에 마당을 쓸고 마루와 방을 닦아 놓고 토방 위에 고추를 널다. 봉숭아며 채송화며 분꽃이며 과꽃 씨앗도 받아서 부채 위에 고루 펴서 마룻가에 놓다. 문이란 문은 모두 열어젖힌 채 목침을 베고 무심히 누워 있자니 '음매애' 하는 소 울음소리가 한가로이 들린다. 손등에 앉아 있는 파리는 꼼짝도 않고. 아, 도회지의 병폐를 알겠다. 이 넉넉함이 없는 것이다. 왜 그리 몸도 마음도 쏘다녀야만 하는지……. 지금은 찬물 한 사발에도 충분히 행복할 수 있다.

이천 장에 가서 흰 고무신 한 켤레를 사다.
돌아오는 길. 노을 속에 아련히 검정 고무신을 신고 뛰놀던 날이 떠오른다. 운동화 한 켤레에 환호하던 명절 때도. 첫 구두에 구둣주걱을 대고 발을 집어넣던 조금은 수줍은 때도 있었지. 그러더니 댓돌 위에 놓여 있던 할아버지 흰 고무신에 외경의 눈을 건네던 때가 엊그제 같은데 내가 마침내 흰 고무신을 산 것이다.
죽을 때는 맨발로 간다던가.

# 2
# 벚꽃 담이 무너지던 날

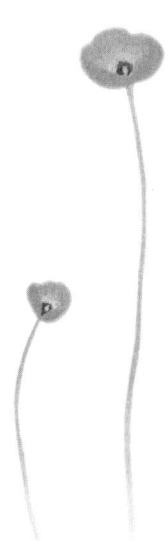

## 차마 꿈엔들 잊힐 리야

　나는 내 고향 가는 길에서 멋지게 한번 불러 보고 싶은 노래가 있다. 그것은 정지용 시, 김희갑 곡의 〈향수〉이다.

　　넓은 벌 동쪽 끝으로
　　옛이야기 지줄대는 실개천이 휘돌아 나가고
　　얼룩백이 황소가
　　해설피 금빛 게으른 울음을 우는 곳
　　그곳이 차마 꿈엔들 잊힐 리야

　곡도 내 평균 이하의 실력으로는 부르기 어렵고 목청 또한 박인수, 이동원처럼 트이지 못했으니, 휘파람으로라도 불 수 있다면 얼마나 좋으랴만 나는 휘파람도 불 줄 모르니 그리운 내 고향 길을 타박타박 시나읊으며 갈 뿐이다.

하늘에는 성근 별
　　알 수도 없는 모래성으로 발을 옮기고
　　서리 까마귀 우지짖고 지나가는 초라한 지붕
　　흐릿한 불빛에 돌아앉아 도란도란거리는 곳
　　그곳이 차마 꿈엔들 잊힐 리야

　우리 할아버지의 허리띠 풀어서 던져 놓은 것 같은 편하고도 편하게 구불구불한 산모롱이 길을 가다 보면 설핏 스쳐 오는 바람에 갯가 냄새가 묻어 든다.
　우리 고향은 바로 여기서부터다. 남녘 땅 순천에서 여수 쪽으로 8킬로미터쯤 떨어져 있는 해룡면 소재지에서 충무사라는 오래된 이정비를 따라 10여 리 정도 내려가다 보면 내 고향 신성리의 갯바람을 만난다. 이때 고개를 들어 살피면 인조 치마를 잘 다린 듯한 바닷자락이 기대어 있는 완만한 산허리가 나타나는데 이 덩굴등에 우리 할아버지와 할머니, 그리고 아버지와 어머니의 산소가 있다.
　할아버지께서는 당신이 돌아가시기 전에 거기에다 자리를 잡으셨다. 원래는 흙이 부드럽고 기름져서 굵은 고구마가 잘 들던 밭이었다. 그런데 조부님보다도 먼저 가신 어머니가 이 밭 겨드랑이께에 드시면서부터 우리 집의 묘원이 되고 말았다.
　할아버지는 이 마을이 포구였던 시절에 객주로 성함이 인근에 꽤나 알려졌던 분이었다. 나한테는 말문이 열릴 때부터 "어디 정씨냐", "본은 어디로 쓰느냐", "할아버지 자는 무엇이냐"고 물어서 우리 족보를 주지케 하셨었다. 그리하여 나는 할아버지의 친구 분들이 오실 때면 그것을 아주 또박또박 잘 외워서 할아버지가 흐뭇해하시던 기억이 있다.

시제(時祭)는 종가가 있는 여천의 고음리로 다녔다. 할아버지는 임진왜란 때 의병을 일으켜 이순신 장군을 도와서 전장에 공을 세우고 후에 병조 판서에 증직된 대(大) 자, 수(水) 자 어른의 12대 손이라는 것을 가르쳐 주셨다. 또 이순신 장군의 어머니를 5년 동안이나 모신, 역시 의병장인 철(哲) 자 어른의 고가로 데리고 가서는 고색이 창연한 문창살에 대한 설명도 곁들여 주시곤 했다.

그러나 나는 할아버지의 그 어려운 말씀보다도 어디선가에서 슬쩍 슬쩍 다가오고 있는 싱그러운 향을 찾아내는 데 더 마음이 갔다. 고개를 두리번거리다가 드디어 나는 알아냈다. 그것은 장독가에 서 있는 유자나무에 주렁주렁 열려서 노오랗게 잘 익어 있는 유자로부터 나고 있는 향이었다.

내 생(生)에 있어서 처음 만난 향이 그때의 그 유자 향이 아니었던가 싶다. 그래서 그런지 나는 향기를, 그중에서도 유자 향을 우리 남녘 표현으로 하자면 '겁나게' 좋아한다. 그리고 향에 대한 작품을 써서 '멀리 가는 향기'라는 제목으로 내놓았더니 한 스님이 '향원(香

遠)'이라는 도장까지 새겨 보내 주기도 했다. 지금도 나는 유자를 대하면 탕건에 갓을 쓰고 한복 바지저고리를 입고 대님을 치고 두루마기를 입고 흰 고무신을 신으신 할아버지의 손목을 잡고 시제를 다니던 일이 떠오르곤 한다.

자, 이제는 우리 고향 길로 다시 들어서 보자. 다도해의 파도가 늘 굼실거리고 있는 마을. 포구로 청진, 함흥의 정어리, 명태, 청어 배가 드나들 때는 2백여 호가 넘었다는데 지금은 1백여 호밖에 되지 않는다.

임진왜란 때 왜장 소서행장(小西行長)이 축성했다는 왜교가 현재 사적지로 보존되어 있고, 이순신 장군이 이곳 앞바다에서 격전을 치렀기 때문에 왜군과 조선군, 심지어 명군 유품까지도 심심찮게 발굴되는 마을이다. 신성리(新城里)라는 이름으로 보아도 그때에 뿌리가 내린 것으로 안다. 아무튼 이순신 장군의 충정을 기려서 세운 사당이 이곳에 있는데 1년에 두 번, 곧 탄신일과 순국일에 제를 지내고 있다. 내가 3학년까지 다닌 초등학교의 이름도 '충무'였다.

학교가 처음 문을 연 곳은 충무공 사당이 있는 솔등이었다. 광양만 쪽으로 내민 거북이 목처럼 생긴 등마루였는데 교사가 마련되지 않아서 사당의 객사를 교실로 이용하였었다. 만조 때면 학교 뒤 벼랑을 치던 파도 소리가 교실 판자벽을 울리곤 하던 것이 귓가에 아직 생생하다.

아이들이 떠들어서 선생님이 "입!"을 하면 조용해진 뒤, 열어 놓은 문 사이로 '어헤야 뒈야'로 시작되는 고기 잡는 마을 어른들의 노랫소리가 바다로부터 아련히 들려오기도 하였다. 봄이 오면 충무사와 우리 학교 근처에는 벚꽃이 어찌나 무성하게 피는지 먼 데서 보면 흡사 하늘의 흰 구름이 두어 덩어리 내려와 앉은 것처럼 보였었다.

아, 바람이 부는 날은 벚꽃이 흡사 눈송이처럼 날렸었다. 우리는 별일이 없는데도 벚꽃을 맞으려고 괜히 달려 다녔었고 동네 개들 또한 어린 우리들을 쫓아다녔었다. 어찌나 벚꽃잎이 많이 떨어지는지 아주머니가 이고 가는 조개 바구니는 꽃바구니처럼 되었고 아저씨가 지고 가는 두엄 바지게도 꽃 바지게인 양하였었다.

지금도 잊히지 않는 일은 가을 운동회 연습 때의 밀물 기마전이다. 운동장이 없는 학교인 관계로 운동회는 왜군들의 성터인 왜교에서 가졌었다. 그러나 연습은 충무사 객사 아래에 있는 바닷가 모래밭에서 하곤 했는데 밀물이 들 때면 우리들의 발목은 곧잘 바닷물에 젖곤 했다.

그러던 어느 날이었다. 연습이 끝날 무렵에 고학년들의 기마전이 있었다. 도망가기도 하고 쫓기기도 할뿐더러 엉클어져서 한창 싸우고 있는데 밀물이 들었다. 그러자 허물어진 한 기마가 바닷물에 젖었다. 또 한 기마가 바닷물 속에 빠졌다. 일부러 더 깊은 바닷물로 도망가는 기마도 있었다. 어떤 아인가가 물에 빠지는 것도 재미로 여겨서 벌렁 나자빠졌다. 여기저기서 물속을 첨벙거리고 다니는 아이들이 나타났다.

나중에는 응원을 하고 있던 저학년들까지도 달려들었다. 우리들은 이내 한데 어우러져서 물장구를 치고 넘어지고 소리를 질러 대는데 물새들 또한 몰려와 우리들 머리 위에서 푸드덕푸드덕 날았다.

선생님들은 호루라기를 세게 세게 불었다. 그러나 선생님들의 호루라기 소리조차도 아이들의 함성과 파도와 물새 소리에 먹혀 버렸다. 그때 교장 선생님이 소나무 밑에 내다 놓은 풍금을 연주했다. 교가가 없는 충무초등학교의 우리들이 교가 대신에 부르던 〈이순신 장군〉 노래였다.

이 강산 침노하는
왜적의 무리를
거북선 앞세우고
무찌르시어
이 겨레 구원하신
이순신 장군
우리도 씩씩하게
자라납니다

어느 누가 먼저라고 할 것도 없었다. 여기저기서 하나씩 둘씩 따라 불러서 마침내 저 안쪽 밀물 속에서 코피를 씻고 있던 아이들까지도 달려오면서 합창을 하던 그날의 바닷가, 그리고 노을……

어린 시절, 내 꿈은 기선의 선장이 되는 것이었다. 그것은 내 고향 앞바다 수평선으로 아득히 지나다니던 은빛 나는 기선의 영향이었다. 여수에서 부산으로 다니던 여객선이었는데 나는 그 기선을 볼 때마다 내가 후일 저 기선의 선장이 될 터이니 두고 보라고 벼르곤 하였었다.

그 꿈이 식지 않고 있어서 중학교 3학년이 되었을 때 나는 별나게도 해양 고등학교로 진학하겠다고 했다. 그랬더니 할머니께서 그 학교를 나오면 뭐가 되느냐고 물었다. 나는 뱃사람이 된다고 대답했다. 그러자 할머니는 단호히 '못 간다'고 말했다. 내가 왜 못 가게 하느냐고 묻자 우리 할머니의 대답은 간단했다.

"네놈은 이 집안의 장손이다. 객사하게 할 수 없다."

그렇다고 순순히 물러날 내가 아니었다. 나는 반드시 가고 말겠다고 버텼고 할머니 또한 절대 안 된다고 했다. 우리 할머니께선 내가 어렸을 때 무던히도 애를 태우면 팔을 베어 버리고 천 리나 만 리나 도망가 버리겠다고 했다. 그런 말을 들은 밤이면 나는 할머니의 팔을 베고 잠이 들었다가 놀라서 잠이 깨어 할머니 속적삼의 옷고름을 검지손가락에 묶어 놓고서 다시 잠을 청하곤 했었다. 그만큼 어머니,

아버지 없이 자란 나한테 할머니는 절대적이었다.

그런 우리 할머니가, 내가 해양 고등학교로 가겠다는 고집을 꺾지 않자 치마끈으로 목을 감았다. 그것이 협박이라는 것을 알았지만 나는 어쩔 수 없었다. 나는 우리 할머니 때문에 선장의 꿈을 버리고 인문 고등학교에 진학을 했다.

그때부터 나는 이것저것 닥치는 대로 책을 읽었다. 특히 앙드레 지드와 헤르만 헤세에 빠져 지냈다. 기선을 타는 것은 바다의 선장이 되는 것이지만 문학을 하는 것은 마음의 선장이 되는 것임을 이제는 알지만 그때는 솔직히 알지 못했다.

그냥 책이 좋아 책을 빌려 보았었고 그러다 보니 자연 광양 읍내에서 책이 많이 있는 집을 이균영(소설가)과 나는 찾아다니게 되었다. 그런 집은 대개가 대학을 다니는 이들의 집이었는데, 주동후(소설가), 김준배(수필가), 강호무(소설가), 안영(소설가) 선배의 집이 곧 그랬다.

나중에는 그분들의 순천고 동기 동창인 김승옥(소설가) 선배한테까지 뻗쳤는데, 김승옥 선배가 나오니 떠오르는 일화가 있다.

내가 대학을 나와서 《샘터》 잡지에 이력서를 냈을 때였다. 당시 편집장이던 박옥걸 씨가 고향이 같은 김승옥 씨를 아느냐고 물었다. 나는 당연히 안다고 대답했다. 그런데 며칠 후 박 편집장이 지나가는 말끝에 "김승옥 선배를 우연히 만난 길에 물었더니 당신을 모른다고 하던데요"라고 했다.

나는 분이 복받쳤다. '내가 치사하게 취직하고자 해서 일면식이 없는 것을 안다고 했는 줄 아느냐. 좋다, 나도 절대 당신을 모른다.' 이런 말이 혀끝에 고였다. 며칠 후 김승옥 선배가 회사에 들렀다. 그리고 나를 본 그분은 깜짝 놀라워했다.

"네가 웬일이냐? 아아, 바로 너였구나. 이름만 들어서는 모르겠더니 얼굴을 보니 알겠다."

김승옥 선배는 안 가겠다는 나를 굳이 끌고서 중부 시장 안에 있는 복요리 집으로 데리고 갔다. 자기는 식사가 끝날 때까지 계속 콩나물과 미나리만을 건져 먹으면서 내 그릇에다 자꾸 고기를 건네주며 말했다.

"많이 먹어. 나는 야채만 먹어도 맛있다."

우리 고향 땅에는 이런 어리숙한 미안이 배어 있다. 콩밭의 김을 매는 아낙네들에게 '어메, 그 바람에 애기 서졌네' 하고 탄성을 지르게 하는 신비한(?) 바람도 있다. 그리고 안개보다도 미세한 이내가 배어 있고 실비보다도 가는 는개가 배어 있고 달빛보다도 엷은 물그리메가 배어 있다.

그대, 진정 내 고향을 느끼길 바라는가. 그렇다면 양력 2월 중순부터 3월 초순, 우수와 경칩 절기에 가는 것이 좋다.

매화 망울이 시래깃국 냄새가 있는 안개 속에서 벙글기 시작하는 것을 보려면, 누우런 갈대밭 너머 노을과 함께 지는 동백꽃을 보려면, 보리밭 파란 들과 그리움을 실어 오는 듯한 싸한 바람을 대하려면, 조춘(早春)의 햇살처럼 얼른 숨어 버리는 순박한 큰 애기의 미소를 보려면……

그런 풍경을 한 끼 굶은, 약간의 공복감을 느끼면서 바라보면 거기 남해안은 모두가 아주 굶고 있어도 좋을 절경으로 비친다.

# 별명을 찾아서

누구한테나 별명 한두 개씩은 있을 것이다. 본인에게 있어선 기분 나쁜 것도 있을 테고 긍정되는 것도 있을 것이다. 개중에는 자신의 특성으로 얻어진 것도 있을 테지만 한순간의 실수로 생겨난 것도 있을 것이다.

그런데 별명은 신기하게도 그 사람의 이미지와 너무도 잘 들어맞아 우리한테 웃음과 추억을 간직하게도 한다. 특히 유년과 같은 어린 시절로 내려갈수록 별명에 얽힌 사연은 재미가 있다.

초등학교 시절에 심한 개구쟁이였던 나는 별명이 한두 개가 아니었다. 그중 하나가 '지각 대장'이다.

입학식 날부터 학교 다니게 되었다고 동네방네 알리고 다니느라 지각을 하였을 뿐 아니라, 툭하면 공부가 시작된 후에 교실 문을 열고 들어서기가 일쑤였다. 급기야는 뺨이 잘 익은 복숭아처럼 붉은 선생님이 쪼글쪼글한 주름살투성이의 우리 할아버지를 불렀다.

"혹시 댁에서 저 녀석의 아침밥을 늦게 먹여 보내는 것은 아닙니까?"

우리 할아버지는 천부당만부당하다는 듯이 손을 내저었다.

"아니지요. 저놈 때문에 오히려 아침 이르게 밥을 먹습니다."

"그런데 왜 이렇게 지각을 자주 할까요?"

그러자 할아버지는 언젠가 내 사촌을 시켜 내 뒤를 밟게 해서 들었던 것을 얘기했다.

"집을 나서서 곧장 학교로 오는 것이 아니라 산지사방을 돌아다니더라는 것입니다. 장다리꽃이 핀 남의 텃밭에 가서 쫑알거리고 죽순이 올라오는 대밭에 가서 쫑알거리고 심지어는 게 구멍 앞에서 민들레꽃을 들고 한나절을 있더랍니다."

나는 도저히 더 참고 있을 수가 없었다.

"게가 꽃을 쫓아 그만 달려 나올 것 같았거든요, 할아버지."

선생님이 파란 만년필 꽁무니로 책상을 똑똑똑 두드리면서 말했다.

"저 보십시오, 저렇게 엉뚱한 말을 해서 여간 골치 아픈 게 아닙니다. 오늘 자연 시간에는 느닷없이 올챙이는 어디로 오줌을 누느냐고 묻는 게 아니겠어요?"

"알겠습니다. 당분간 저 녀석을 제 삼촌 손에 맡겨서 보내겠습니다."

"당분간이 아닙니다. 길이 들 때까지 누가 좀 보호해 줘야겠습니다."

보호라, 나는 그 뜻을 몰라서 할아버지의 얼굴을 쳐다보았다. 할아버지가 얼른 말했다.

"이 녀석아, 네가 하도 엉망이니 삼촌이 널 데리고 다녀야 한다는 말이여."

"그렇다면 할아버지, 내가 삼촌을 보호해야 하는데요."

"뭐라구?"

"삼촌이 밤마다 어디를 나다니는지 알아요? 방죽에서 현이네 고모를 만나서……."

이때 할아버지는 큼큼큼 기침을 해서 내 말을 막았다. 그러고는 다음 날부터 할아버지가 직접 내가 꼼짝 못하게 손목을 잡고 학교로 데리고 다녔다. 아아, 나는 그때부터 묶여 다닌다는 것이 얼마나 큰 고통인지를 알았다.

그 시절 나의 또 다른 별명은 '오줌싸개'이다. 그런데 이것이야말로 심히 억울한 별명이다.

그날 우리 학교에는 장학사가 시찰을 나온다고 했다. 진작부터 우리 선생님은 우리들에게 주의를 주고 있던 터였다.

청소도 구석구석 잘하라, 복도를 다닐 때도 발부리 걸음으로 사뿐사뿐 걸어야 한다, 코도 팔소매로 닦지 말고 반드시 손수건으로 닦아라, 공부 시간에는 모르는 것이 있더라도 묻지 말고 무조건 '네, 네' 대답을 크게 하라 하고.

특히 나한테는 윽박지르며 이렇게 말했다.

"이번에 학교 손님이 왔을 때 말썽을 일으키면 그땐 학교에 못 다니게 할 테니 그리 알았!"

그래서 나는 그날 누구보다도 발소리가 나지 않게 그야말로 고양이 걸음으로 걸었다. 코도 팔소매로 닦지 않았고.

변소에 가서도 얌전히 줄을 섰는데 내 차례가 오기 전에 종이 울렸다. 할 수 없이 교실로 들어왔지만 그 시간 내내 오줌이 마려웠다. 나중에 선생님이 시킨 대로 "네, 네" 하고 큰 소리로 대답을 하다 보니 질금질금 오줌이 새기까지 했다.

나는 바지주머니 속으로 손을 넣어 오줌 자루 끝을 꼭 쥐고 있었다. 맙소사! 그런데 공부 시간이 끝나자 반장이 '차렷'이라는 구령을 하지 않는가.

마침 손님이 있었기 때문에 나는 손을 바로 할 수밖에 없었다. 그러자 오줌이 톡 쏟아지고 만 것이다. 짝꿍 순애가 소리를 질렀다.

"선생님, 얘가 오줌 쌌어요."

이 오줌 사건으로 나는 완전히 선생님의 눈 밖으로 밀려나게 되었다. 손님들이 떠난 후 선생님은 울음을 터뜨릴 듯한 얼굴로 '누가 오줌을 누러 가지 말라 했느냐'고 소리소리 질렀다. 그리고 다음 날부터 선생님은 나를 부를 때 '오줌싸개'라고 하기도 했다.

어렸을 적 나의 별명 중에서 내가 지금까지 좋아하는 것은 '꿈쟁이'이다. 그만큼 나는 꿈을 많이 꾸었던 것 같고 어떤 때는 꿈과 현실을 구별하지 못하고 떼를 쓰기도 했다. 그렇게 많이 꺾은 꽃이 없어졌다고 꿈을 깨고 나서 운 적도 있고 꿈속에서는 엄청 넓은 콩밭을 만나서 꿈이 아니라고 우긴 적도 많았다.

어쩌다 어렸을 적 친구들을 지금 만나면 친구들은 나한테 말한다. '너한테 많이 속았노라'고. 내가 그들을 속였다는 것은 꿈을 현실로 바꾸어서 이야기하였다는 것이다. 그중 한 친구가 나는 이미 잊어버린 것을 기억해 새삼스럽게 나한테 들려주었다.

"수평선 너머를 가보았다고 우기는 것이야. 거기에 갔더니 뭐, 흰 구름네 집이 있더라나. 할머니 버선본처럼 그곳에는 여러 가지 구름본이 있어서 구름을 지어내는데 산봉우리 구름 본, 조개구름 구름 본, 많고도 많더라고 했어. 뭐 또 한쪽에서는 하늘을 한 바퀴 돌고 온 구름을 빨래하고 있었는데 구정물이 헹구어도 헹구어도 나오더라나."

그 친구는 내가 동화 써서 먹고 사는 것을 이제야 알 것 같다고 했는데 나는 사실 부끄럽다. 그 어린 날의 별명보다도 내가 천진하지 못하니 말이다.

아아, 그날로 돌아가서 그 별명 속의 실제가 되고 싶다.

# 신천지

초여름이 오면 나는 도라지나 더덕을 캐러 다니는 이웃집 누님들을 즐겨 따라다녔던 기억이 있다.

연한 녹색의 산은 모퉁이마다 어린 나를 감동시키지 않은 것이 없었다. 물가 풀숲에 숨어 피어 있는 짙푸른 붓꽃이며 여울목에서 뒷걸음으로 달아나는 가재의 그 여린 뒷발가락하며.

어디 그것뿐인가. 바위 사이를 얽어맨 거미줄에 한낮인데도 달려 있는 이슬방울, 아니 그 이슬방울 속에 비쳐 드는 흰 구름 깃도 살필 수 있고 잔솔밭으로 달아나는 비단 목덜미의 장끼도 볼 수 있고.

그날도 나는 우리 옆집 탱자나무 집의 명자 누님을 따라나섰다. 그날의 하늘은 희끄무레 흐려 있었고 바람이 불지 않아서 적막하였다. 어느 집에서인지 수탉이 홰를 치고 울었는데 그 소리조차도 아득하게 느껴지는 그런 날이었다.

그런데 산자락으로 접어들자 바람이 잠들었는데도 수런거리고 있는 것들이 있었다. 그것은 돌과 돌 사이로 흘러가는 물소리였고 숲에 총총히 박혀 있는 새소리였고 귀를 쫑긋거리다가 달아나는 산토끼 발소리였다.

명자 누님은 더덕을 찾아서 비탈로 내려가고 나는 혼자 폐광의 커다란 동굴 주위에서 갖가지 돌들을 줍고 있었다. 처음에 나는 큰 구름이 지나면서 잠깐 덮는 산그리메로 생각했지 산이 온통 어두워지는 것을 알지 못하고 있었다.

손가락 틈새기로 하얀 실 꾸러미가 풀리는 듯 연기 같은 것이 흐르는 것을 알아본 것은 한참 후였다. 나는 참 신기하다고 생각했다. 주먹을 꽉 쥐어 그것을 잡아 보려고 했다. 그러나 그것은 주먹 안에 남지 않고 빠져나가서 잔솔이 밴 산등성이 저쪽에 쟁이고 있었다.

그때 나는 멀리서 부르는 소리를 들었다.

"채봉아아, 채봉아아!"

산메아리까지 일구며 들려오는 그것은 티 하나도 없고 구겨진 곳도 하나 없는 명자 누님의 청아한 목소리였다.

"어이, 왜 그런가아?"

나는 일어나서 소리를 지르다 말고 보았다. 누에가 고치를 만들듯이 주위를 가려 드는 안개. 안개가 바로 내 뒤의 커다란 폐광의 입구에서 뭉클뭉클 쏟아져 나오고 있었다.

안개는 흡사 순천에 가서 본 기차 화통의 증기처럼, 아니 그보다도 더 아람지게 폐광으로부터 뭉클뭉클 쏟아져 나오고 있었다.
 그날의 안개 속에서는 새소리조차도 나지 않았다. 그 많던 산새들은 다 어디로 갔단 말인가. 명자 누님의 목소리만이 드문드문 들려왔다.
 "채봉아아!"
 "어이!"
 "그 자리에 꼭 있거라, 잉!"
 "어이이!"
 "한 발자국이라도 움직이문 안 된다이잉."
 "어이!"
 "엉에서 떨어지문 죽어어!"
 "어이!"
 "오줌도 그 자리에서 누어잉!"
 "어이!"
 안개는 점점 두꺼워졌다. 언덕도, 바위도, 숲도, 나중에는 폐광까지 모두가 한 몸뚱어리로 희뿌옇기만 했다. 갇힌다는 것을 나는 그때 처음 알았다. 비록 안개에 의해서이지만.
 나는 그 자리에서 무릎을 깍지 껴 안고 그 위에 얼굴을 묻었다.
 '명자 누님, 명자 누님'을 부르면서 흐느꼈던 것 같다.
 얼마나 지났을까. 나는 부스럭거리는 소리를 들었다. 돌자갈이 굴러 내려가는 소리도 들었다. 살며시 눈을 떠본 나는 파란 치마폭에서 비껴가는 하얀 안개를 보았다.

그것은 명자 누님의 치맛자락이었다. 안개는 어느덧 다가오는 명자 누님의 저 뒤로 벗겨지고 있었다.

나는 벌떡 일어나서 보았다. 세수하고 나타나는 듯한 새 풍경을. 햇볕이 드는 골마다에 스러져 가는 안개 사이로 그것들은 새로 막 들어선 손님처럼 새로웠다. 파아란 물빛의 하늘이, 녹색의 들이, 초가지붕들이, 허리띠처럼 돌아간 산모퉁이의 돌자갈길이, 아아 그리고 썰물 진 갯벌조차도.

그것들은 안개가 들기 전에 보아 온 그 자리에 그대로 있는 그 모습이었으나 내게는 전혀 달리 생각되는 것이었다. 때가 많이 끼어 있는 그것들을 하느님께서 씻고자 해서 안개로 사람들의 눈을 가리고서 들어 올렸는지도 모를 일이다.

그리하여 하늘을 닦고 들을 한껏 푸르게 칠하고 초가지붕들을 다독거리고 돌자갈길의 작은 돌멩이 하나하나 그리고 갯벌까지를 손본 다음에 한 치도 틀리지 않게 다시 제자리에 갖다 놓은 것이 아닌가 하는.

그러나 나는 이제 그날로부터 너무도 멀리 와 있다. 곧 안개가 수증기의 기포 현상이라는 것을 배운 날에 벌써 아름다운 신의 손길 하나가 사라져 버렸던 것이다. 그렇게 나는 어른이 되는 동안 얼마나 많은 신비를 잃어버렸던가.

그런데 근래 들어 나는 '본다'는 것에 대해 생각할 때는 이날이 떠오르곤 한다. 어떤 계기가 온 다음에 나타나는 실제, 그러니까 몇천 년을 하루같이 그 자리에 있었어도 다시 보는 사람에 따라 전혀 새로운 '봄'이 나타나고 있는 것이다.

장 콕토가 말했던가. '어떤 물체를 보고 크다 작다 하는 것은 잘못이며 가깝다 멀다 해야 옳다'고.

이 논리에 의하면 눈에 보이지 않는 미생물은 작아서 보이지 않는 것이 아니고 너무 먼 거리에 있어서 작게 보인다고 할 것이다. 하늘에 있는 별이 작게 보이듯.

그렇다면 우리가 '본다'는 것에서 보이지 않음도 진실과 너무 멀리 떨어져 있기 때문이 아닐까. 없는 것에서 발견이란 없지 않은가 말이다. 우리가 다만 못 보고 있었던 것일 뿐.

진정 '신천지다'라고 소리칠 그날은 나한테 다시 오지 않을 것인가.

# 스무 살 어머니 · 1

회사에 여고를 갓 졸업한 신입 사원이 들어왔다. 키도 작고 얼굴도 복숭아처럼 보송송하다. 어쩌다 사원들끼리 우스갯소리라도 하면 뺨에 먼저 꽃물이 번진다.

한번은 실수한 일이 있어서 나무랐더니 금방 눈물을 방울방울 떨어뜨렸다.

"우유를 더 좀 먹어야겠군."

혼잣말을 하면서 돌아서다 말고 물어보았다.

"올해 몇 살이지?"

그러자 신입 사원은 손수건으로 눈 밑을 누르면서 가만가만히 대답하였다.

"스무 살이에요."

여자 나이 스무 살⋯⋯. 소녀에서 성인으로 턱걸이를 하는 저 나이. 무엇이거나 그저 우습고 부끄럽기만 한 저 시절. 나는 문득 돌아가신 어머니가 생각키웠다. 우리 어머니가 하늘의 별로 돌아가신 나이가 바로 저 스무 살이었던 것이다.

열일곱에 시집와서 열여덟에 나를 낳고 꽃다운 스무 살에 이 세상 살이를 마치신 우리 어머니. 그렇기 때문에 나는 어머니의 얼굴을 모른다. 그러나 어머니의 얼굴은 기억하지 못해도 어머니의 내음은 때때로 떠오르곤 한다.

바닷바람에 묻어오는 해송 타는 내음.

고향의 그 내음이 어머니의 모습을 아련히 보이게 한 날을 기억한다. 유년 시절, 눈발이 희끗희끗 날리던 날이었다.

이웃 민주네 할아버지한테서 《장화홍련전》을 들었다. 이야기가 끝나서 나오니 저녁밥 짓는 연기가 골목을 자욱이 덮고 있었다. 먼 바다 쪽으로부터 물새 울음소리가 들려왔다. 처음으로 어머니가 보고 싶었다. 돌을 차면서 집으로 돌아왔다.

집에서는 할머니가 군불을 때고 있었다. 부엌 문설주에 기대서 있는데 해송 타는 연기가 자꾸 나한테로만 몰려들었다. 그때 기침을 하면서 눈을 비비며 서 있는 내 앞에 막연히 어머니의 모습이 다가오다가 사라졌다. 해송 타는 연기와 함께.

그 뒤부터 어머니가 보고 싶을 때면 해송 타는 내음이 생각키웠다. 해송 타는 내음을 만날 때면 어머니가 조용히 떠올랐다.

중학생이 되고 2학기가 시작된 9월 어느 날이었다. 들녘에 나가서

토끼풀을 뜯어 가지고 돌아오니 이불 홑청을 깁고 있던 할머니가 불렀다.

"너 없는 사이에 너그 담임선생님이 다녀가셨다. 작문 시간에 '어머니 냄새'라는 제목으로 글을 지었다면서?"

나는 고개를 저어 보였다. 그러나 할머니는 나를 보고 있지 않았다. 바늘귀에 실을 꿸 양으로 계속 거기만 주시하면서 말을 이었다.

"이상한 일이다. 해송 타는 냄새에 네 에미가 떠오르다니……. 허긴 너의 외가 가는 길이 솔밭 길이긴 하다. 솔띠재라는, 아름드리 소나무가 꽉 찬 고개를 넘어야 했거든. 너를 업고 네 에미가 친정을 몇 번 다녔으니 그 솔 냄새가 너희 모자한테 은연중에 배었을지도 모를 일이지……. 네 에미 얼굴을 보여 주랴?"

할머니는 일어나서 장롱 위에 있는 부담을 끌어내렸다.

그때 처음으로 할머니가 뚜껑을 열어 보여 준 그 부담 속에는 여러 벌의 여자 옷이 있었다. 남치마며 인조 저고리며 단속곳이며, 그리고 색이 바래지 않은 홍배도 있었고 나막신도 있었다.

나는 부담의 맨 아래에서 한지로 싸여 있는 사진을 보았다. 그 사진 속의 어머니는 내게 참으로, 참으로 여리다는 느낌을 주는 얼굴이었다.

둥근 턱에 솔순 같은 눈. 바람받이에 있는 해송 같은 낮은 코에 작은 입. 정말 멍이 든 데라곤 어디 하나 보이지 않는, 하얀 박속 같은 여인이었다.

"네 에미는 너한테서 엄마라는 말도 한 번 들어 보지 못하고 죽었다."

"세 살이었다면서 내가 그렇게 말이 늦었던가요?"

"아니지. 너희 삼촌들이 형수라고 부르니까 너도 덩달아서 형수라고 했어. 형수 젖, 형수 물 하고."

나는 피식 웃었다. 그러나 그것은 울음보다도 짙은 회한의 것이었다.

그때 문득 내 앞에 환상의 지구역(地球驛)이 떠올랐다. 순간마다 무수한 사람들이 떠나가고 대신 어린 아기들이 내려오는 곳.

떠나는 늙은 분들 틈에 끼여 앉았을 스무 살의 우리 어머니……. 쪽 찐 머리를 보고 혹시 남겨 놓고 가는 아이가 없느냐고 물어서 울린 사람은 없었을까.

서른한 살 때 나는 아이 하나를 얻었다. 아이는 우리가 낯선 듯 처음엔 울고 보채기만 하더니 예닐곱 달이 되면서부터는 이쁜 짓을 하기 시작했다.

우스운 일이 하나 없는데도 괜히 저 혼자 방글거리곤 했다. 나는 그러는 아이가 귀여워서 입을 맞추다 말고 해송 타는 내음을 느꼈다. 언젠가 고모가 한 말이 환청처럼 살아났다.

"네 에미처럼 무심한 여자는 드물 것이다. 너가 배고파서 울어도 좀체 젖 줄 생각을 안 하는 거야. 보다 못해 우리가 재촉하면 그때서야 일손을 놓고 가서 젖 한 모금 찔끔 주고 금방 돌아오곤 했단다."

그제야 나는 비로소 스무 살 우리 어머니의 깊은 마음을 짚었다. 아이 우는 소리에 타지 않을 어머니의 속이 어디 있을까. 그러나 달려오고 싶은 마음보다도 시누이들한테 눈치 보일까 봐 자리를 얼른 뜨지 못했을 우리 어머니.

아무리 울보라고 소문난 나였대도 때로는 어머니 품에서 웃어 보이기도 하였을 것이다. 그러나 누가 볼까 봐 내 어린 뺨에 볼 한 번 비비는 것도 우리 어머니는 참 어려웠으리라.

오늘도 하얀 박속 같은 스무 살 우리 어머니는 그 앳됨 그대로를 지니고 사진틀 속에서 당신보다 더 늙어 가는 아들을 말없이 내려다보고 계신다. 풋콩에서와 같은 비린내 나는 부름이 들릴 듯도 한데…….

그러나 이제는 해송 타는 내음마저도 점점 엷어져 가는 것 같아 나는 참 가슴 아프다.

# 스무 살 어머니 · 2

 엄마. 남들은 아기 적 입이 열리면서부터 부른다는 이 말을 저는 이제 마흔을 넘긴 나이에 처음으로 부릅니다.
 그러나 이제라도 이렇게 엄마를 불러 보지 않으면 영영 내 혀는 '엄마'를 모르게 될까 봐 글로 써놓고 소리 내어 불러 보네요. '엄마'라고.
 엄마. 열일곱 살에 시집와서 열여덟 살에 나를 낳고 스무 살에 돌아가신 엄마에 대한 사실이 하나 둘 알려지자 철없는 사람들은 저한테 묻곤 하였지요.
 '그게 사실이냐?' '엄마에 대한 기억이 정말 냄새밖에 없느냐?' '정말 엄마를 형수라고 불렀느냐?'
 그때마다 저는 말머리를 다른 방향으로 돌리곤 하였지요. 소리 내 버리면 그나마의 기억조차도 날아가 버릴 것 같은 생각이 들었기 때문이에요.

시아버지, 시어머니, 시동생 넷에, 손님 또한 그칠 날이 없었다고 했는데 샘 길은 멀고……. 당숙모께선 말이 없던 열일곱 살 외꽃 같은 새댁 생각이 지금도 난다고 하십니다.

엄마.

여기에서 고백하자면 저한테는 엄마에 대한 가슴 아픈 기억이 딱 둘 있습니다.

그중 하나는 깜깜한 어둠 속에서의 어슴푸레한 일입니다. 불안한 기운이 잠을 달아나게 해서 눈을 떴더니, 엄마와 아빠가 다투고 있었지요. 이내 아빠가 엄마 뺨을 철썩 올려붙이는 소리가 났습니다. 그리고 엄마의 흐느껴 우는 소리도 들렸습니다.

나는 무서워서 엄마 아빠 방을 나와서 할머니 방으로 도망갔지요. 할머니는 나를 끌어안고 자자며 등을 다독이었고요. 그다음 일은 기억하지 못합니다만 그냥 그대로 잠들었겠지요. 지금 생각해 보니 뺨 맞은 엄마를 두고 도망 나와 버린 것이나 할머니 손을 끌고 가서 말려 드리지 못한 것이 지금도 가슴에 걸려 있습니다.

또 하나, 가슴 아픈 기억은 할머니가 이런 사실을 알려 주셨을 때입니다.

"너가 네 엄마한테 꼭 한 번 매 맞고 와서 운 적이 있다. 내가 네 엄마한테 물심부름을 시켰더니 빈 대접을 든 채로 돌아와서 울더라. 왜 우느냐고 했더니 '형수가, 형수 물 줘 하니까 엄마라 부르라며 때려'

스무 살 어머니 | 75

하더라."

　요즘 여자들 같으면 젊은 엄마 소리를 듣기 싫어하는데 자식으로부터 엄마 소리를 듣고 싶어 하셨으나 듣지 못하고 가신 스무 살 엄마. 정말 죄송합니다.
　엄마.
　엄마께 죄송한 일 또 하나는 아직껏 아버지와 합장을 못 시켜 드린 일이지요. 올 윤사월에 그 일을 하려고 하였는데 뜻밖에 숙부께서 병환에 드신 관계로 하지 못하였습니다.
　사실 합장은 아버지 유해를 일본에서 모셔 왔을 때 했어야 했다고 숙부께서는 두고두고 말씀하십니다만 제 가슴속에는 이러한 응어리가 있었습니다.

　일본에 아버지 유해를 모시러 가니 그쪽 어머니께서 굉장히 슬퍼하시더군요. 지금도 아버지 유해를 인수하던 새벽이 떠오릅니다.
　유해는 왔던 길을 되짚어가는 것이 순리라고 해서 시모노세키에서 부산으로 출항하는 배를 타기 위해서는 새벽길을 나서야 했어요. 오사카에 머물고 있던 나는 새벽 4시에 일어나서 고속도로 입구로 와카야마에서 유해를 모시고 나오기로 한 동생을 맞으러 나갔지요.
　그날 아침에는 안개가 가득 끼었어요. 숙부와 둘이서 기다리고 있는데 비상 라이트를 켠 차가 다가왔어요. 그쪽 어머니와 동생이 그

차에서 내렸지요. 동생은 하얀 끈으로 목걸이를 해서 가슴에 안은 아버지 유해를 나한테로 넘겨주었어요. 그때 그쪽 어머니가 막 우셨습니다. 동생도 저도 울었습니다만, 제 가슴속에는 솔직히 이젠 됐다는 안도감 같은 것이 드는 것이었어요.

그리하여 아버지 유해를 모시고 돌아오는 배에서 보니 어쩌면 그리도 달이 밝던지요? 숙부가 동행한 나한테 넌지시 물었습니다.

"네 어머니와 합장을 했으면 좋겠는데 너의 생각은 어떠하냐?"

그때까지만 해도 제 가슴속의 아버지에 대한 응어리가 덜 풀렸던 듯싶습니다. 단호히 고개를 저었으니까요. 그러나 이제는 기회가 주어진다면 두 분을 함께 모시려고 합니다.

엄마.

엄마가 이 땅에 계시지 않는 동안 저희 남매를 키우느라고 할머니 고생이 참 많으셨습니다. 특히 제가 간혹 심통을 부려서 할머니를 힘들게 하였지요. 그럴 때마다 할머니는 팔을 베어 버리고 천 리나 만 리나 도망을 가버리겠다고 하였지요. 그런 밤이면 저는 팔베개를 내준 할머니가 팔을 베어 버리고 도망가실까 봐 할머니 속적삼 옷고름을 손가락에 묶어 두고 잠들곤 하였습니다.

커서는 또 밥을 굶기가 일쑤였지요. 그러니까 할머니가 제 말을 들어 주지 않을 때는 단식 투쟁을 벌였던 것인데 일부러 가지고 가지 않은 손자의 도시락을 들고 와서 학교 담 밑에 우두커니 서 있던 할머니의 모습이 간혹 떠오릅니다.

　엄마.

　오늘이 엄마 제일(祭日) 전날 밤이라서 생각납니다. 소년 소녀 가장 수기 심사 때였어요. 초등학교 5학년짜리 글이었는데 제 엄마 제사가 돌아오니까 산으로 고사리를 끊으러 다녔다고 했어요. 그래서 콩나물도 사고, 조기도 두 마리 사고, 쌀도 사와서 일곱 살짜리 동생과 둘이 앉아 제사를 지냈다는 내용이었는데요. 어찌나 눈물이 나는지 화장실을 몇 번이고 들락거렸었습니다.

　엄마.

　엄마께 한 가지 감사드릴 일이 있어요. 그것은 하얀 눈이 소복소복이 내리는 음력 동짓달에 저를 낳아 주신 것입니다. 엄마, 하느님께서 허락해 주신다면 제가 엄마를 만나러 그쪽 별로 가는 때도 눈 내리는 달이었으면 하고 바라고 있습니다.

　엄마.

　끝으로 하나 고백할게요. 엄마가 못 견디게 그리울 때는 해 질 무렵이라는 것입니다. 엄마 나이 스물에 돌아가신 산소 앞에 가서 마흔이 넘은 나이로 가서 울고 온 적도 있으니까요.

　엄마, 그쪽도 지금 낙엽 지는 가을인가요? 안녕히 계세요.

엄마의 제일 전날 밤 아들 올림

# 벚꽃 담이 무너지던 날

어쩌면 그렇게 철저한 회색빛이었을까. 지금 돌아보면 고개가 갸우뚱거려지는 회색 터널인 내 나이 스물하고 한 살 때였다.

그해 2월 나는 받고 싶은 통지서는 받지 못하고 받기 싫은 통지서는 받아 쥐고 있었다. 받고 싶었던 통지서란 대학으로부터의 합격 통지서임은 물론이다. 그러나 그것은 쥐지 못하고, 대신 고향 면사무소에서 노란 봉투 하나가 배달되었는데 그것은 신검 통지서였다.

일본에서 갓 귀국한 숙부께서는 섬유 편직의 기술자였다. 군에 가기 전까지 그 기술 하나만이라도 익혀 두면 밥벌이 걱정은 면할 것이라고 했다.

나는 과감히 그때까지 손때 묻혀 보던 입시 참고서와 문제집을 불쏘시개를 했다. 그러고는 아침에 눈 뜨면서부터 밤늦게까지 편직 기계에 매달렸다. 그런데 통 늘지를 않았다. 함께 시작했던 옆 사람은 콧노래를 부르면서 잘도 편직기를 움직였는데 나는 늘 허둥거리면서

급급했다. 그러면서도 기름때는 더 묻혀 들이곤 했다.

그러던 어느 날이었다. 점심시간에 공장에서 나와 돌층계에 앉아 있는데 엽서 한 장이 배달되었다. M시의 도립 병원에 막 근무하게 된 그녀가 보낸 것이었다.

지금은 내용을 정확하게 기억하지 못하는데 벚꽃이 눈발처럼 날리는 벤치에 앉아 있다는 대목이 생각난다. 그리고 멀리서 파도 소리가 들리는데 그때마다 벚꽃 담이 풀썩풀썩 무너져 내린다는 구절도 있었던 것 같다.

아무튼 그날 나는 회색 하늘 밑에서도 봄이 와 있다는 사실에 충격을 받았다. 나 혼자만 돌려세워 놓고 자기들은 봄의 풍경화 속에 있는 것 같아서 죽고 싶도록 억울했다.

나는 공장의 돌층계 위에 작업복 상의를 벗어 둔 채로 서울역으로 나왔다. 좌석이 없는 입석표를 끊어 남행 열차에 올라 하염없이 차창만을 주시하고 있었다. 그렇게 밤이 가고 아침이 왔을 때 내 눈에 M시의 바다가 들어왔다.

그날 역시도 하늘은 회색빛이었고 바람은 꽃샘답게 짓궂었다. 전화를 걸자 수화기 저편은 당황하고 있는 듯했다. 일과가 시작되었으니 점심시간까지 시간을 좀 보내고 오라 했다. 그러마 하고 수화기는 놓았지만 갈 데가 막연했다.

선창으로 가서 푸른 바다나 좀 보고 가자고 마음먹었다. 그런데 오한이 들었다. 방파제에 가 서니 아예 이가 부딪치기까지 했다. 도저히 점심시간까지 기다리고 있을 수 없을 것 같은 생각이 들었다.

택시를 타고 다짜고짜 병원으로 들이닥쳤다. 이제 막 입은 간호사복이 어설퍼 보이는 그녀는 울 것 같은 표정으로 내 앞에 나타났다.

나는 주사를 한 대 맞으러 왔다고 했는데 그녀는 내가 약 올리려 일부러 그렇게 말한 줄 안 모양이었다. 거기는 수속이 복잡해서 한참 걸리니 다른 개인 병원으로 찾아가라고 말했다.

"아니야, 나 정말 아파."

이렇게 한마디쯤 해도 됐을 것이다. 그런데 왜 이 말을 못 하고 돌아섰는지. 고개를 숙이고 한참 걷다가 돌아보니 벚꽃 터널의 저 멀리 아득히 그녀가 서 있는 것 같기도 하고 없는 것 같기도 하였다. 나의 미열과 바람에 날리는 벚꽃잎 난무가 준 몽롱함이었다.

시외버스 터미널에서 버스를 탔다. 정말 온 세상이 몽롱하기만 하였다. 술이 익을 때처럼 열에 떠 있는가 하면 오한이 들었다. 벚꽃잎 속에 하얗게 묻혀 드는가 싶다가 파도에 부대끼는 바다풀처럼 흐느적거리기도 하였다.

그길로 고향에 돌아간 나는 당숙이 청솔가지로 군불을 넣어 준 방에서 진땀을 흘렸다. 장티푸스를 앓게 된 것이다.

지금도 간혹 도시의 회색빛 봄 하늘 아래 벚꽃잎이 날릴 때면 내 나이 스물한 살 적 회한의 음표를 보곤 한다.

# 나의 단방약

이곳을 생각하면 나는 순간 마취를 당한 듯이 아득해진다. 그것은 한밤중 홀로 밤에 가는 차창에 기대어 첫사랑을 되돌아볼 때와 같은 아슴함이다.

어렸을 적 우리 동네 언덕 위에서 보면 수평선으로 하얀 기선이 소리 없이 지나갈 때가 있었다. 그럴 때면 나는 어른들한테 묻곤 했다. "저 기선은 어디로 가는 무슨 배다요?" 하고. 그러면 하나같이 여수로 가는 여객선이라고 대답해 주었다. 또 어쩌다가 우리 동네 뒷산에 올라가 보면 멀리 서녘의 산굽이를 뱀처럼 휘감고 지나가는 긴 것을 볼 때가 있었다. 그것이 도대체 무엇인지 어린 나는 궁금해하곤 하였었는데, 그것이 다름 아닌 기차라는 것과 여수를 오가고 있다는 사실을 삼촌으로부터 들어 안 것은 한참 후였다.

여수로 가는 기선, 여수를 떠나는 기차, 이 둘로 하여 여수는 내 어린 날의 동경처로 떠오른 첫 고장이었다. 다행히 우리 집안의 시제를 지내는 곳이 여천의 쌍봉이었는데, 할아버지께서 그곳에서 여수는 10리도 채 안 된다며 내 어린 손목을 잡고 떠나 주신 적이 있다.

그때에 나는 종갓집의 장독대 옆에서 노오란 과일이 주렁주렁 달려 있는 유자나무를 보았고 돌담가에서 치자가 노을빛으로 익어 가는 것을 보았지만 여수에 어서 가고 싶은 마음 때문에 이런 것은 성에 차지 않았다. 그러나 할아버지는 바쁘다며 그냥 집으로 돌아가려고 하였다. 떼를 쓰고 있던 내가 끝내 버스 정류장에서 데굴데굴 굴러 버리자 그때서야 할아버지는 여수행으로 버스표를 바꾸셨다.

나는 비로소 기둥이 어른들 팔로 한 아름도 넘는 여수의 객사에서 바로 앞바다에 떠 있는 집채만 한 기선을 보았다. 그때 하도 가슴이 두근거리기에 "하나씨, 나 간이 쿵 떨어질랑갑소"라고 말해서 좀처럼 입을 벌리고 웃으시는 일이 드물던 할아버지가 저 어금니 쪽 금니까지 보이게 웃으시던 일이 생각난다.

그 후부터 나는 누가 가고 싶은 곳을 말하라고 하면 으레 여수를 대곤 하였다. 왜 좋으냐고 물으면 '그냥'이라고 대답 같지 않은 대답을 한다. 그러나 어떤 진한 사연으로 인해 좋아지는 것보다는 '무답시' 좋아지는 것에 순수가 있다고 나는 생각한다. 그 여자의 혹은 그 남자의 어떤 점이 좋아서 결혼하게 되었다는, 그런 이유 있는 만남이 아닌, 그저 나도 모르게 좋아하였다는 거기에서 평화를 느낄 수 있듯이.

그래도 굳이 '여수 예찬'을 해보라면 나는 우수 경칩 절기인 2월

중, 하순쯤에 가보라고 권하겠다. 배추 포기 같은 푸른 바다와 시래기국 내음이 나는 듯도 싶은 안개, 그리고 파란 보리밭과 잉걸불 같은 동백꽃, 거기에다 남녘 특유의 실비라도 온다면 더욱 좋을 것이다. 고즈넉한 여수 풍경을 한 끼 굶은 약간의 공복감을 느끼며 찾아본다면 막연한 슬픔이 일 만큼 그리워하는 곳이 될 터이지만 박보운 시인이 쓴 〈오동도와 전설〉 시비 하나만으로도 나의 예찬이 과하지 않음을 알게 될 것이다.

> 멀고 먼 옛날 오동숲 우거진 오동도에
> 금빛 봉황이 날아와
> 오동 열매 따서 먹으며 놀았드래.
>
> 봉황이 깃들인 곳에는
> 새 임금 나신다는 소문이 나고
> 왕명으로 오동숲을 베었드래.
>
> 그리고 긴 세월이 흐른 후
> 오동도에는
> 아리따운 한 여인과 어부가 살았드래.

어느 날 도적 떼에 쫓기던 여인
낭벼랑 창파에 몸을 던졌드래.

바다에서 돌아온 지아비
소리소리 슬피 울며
오동도 기슭에 무덤을 지었드래.

북풍한설 내려치는 그해 겨울부터
하얀 눈이 쌓인 무덤가에는
여인의 붉은 순정 동백꽃으로 피어나고
그 푸른 정절 시누대로 돋았드래.

    여기 이 오동도에서 지난여름 한밤에 '숲 속의 음악회'가 있었다. 이 고장의 바로크 음악 모임과 MBC가 공동으로 연 이 음악회는 오동도 섬의 동백 숲 속 야외 음악당에서 피아노 음이 퐁퐁 하늘에 별을 띄워 올리면서부터 시작되었다.
    동백 숲 한 치 밖에는 파도들이 빙 둘러 출렁거리고 섬마루에는 등댓불이 쉬엄쉬엄 깜박거리고 간혹 물새들이 바이올린 음을 물어 가기도 하는 바닷가 음악회.
    나는 하늘의 별들만큼이나 무리 져 모인 관중들 가운데 무대 바로 앞 모래밭에 옹기종기 앉아 있는 아이들에게서 나의 옛 모습을 보고 있었다.

숨을 죽이고 있었지. 그리하여 마침내 무대 위에 드레스도 우아한 가수가 올라오면 넋이 나가곤 했었지. 저 순진무구한 여린 가슴 속에 박혀 드는 이런 날의 별빛이야말로 어느 보석보다도 값진 것이 되리라.

나는 문득 파블로 카잘스가 자기 고향 바르셀로나에서 오케스트라를 만들어 노동자 음악회를 연 것도 이런 소박한 것이지 않을까 하고 생각했다. 특정층이 아닌, 무대가 아닌, 어부와 노동자와 회사원들이 어우러져 귀를 마음 놓고 열어 두고 있는 동백 숲 속의 노천극장.

이튿날 물보라도 묻히고 음표도 묻혀서 이 넉넉한 여수를 떠나는 나에게 이곳의 친구가 소주 한 병과 오징어 한 마리를 비닐봉지에 담아 주면서 이렇게 말하였다.

"마음이 휑하면 또 와라잉. 갈퀴질당한 가슴에는 여수 갯바람이 단방약이다."

# 그 여름날의 삽화

그해 여름 서울은 폭염이었다. 내가 나가던 대학 도서관의 천장에는 헬리콥터의 프로펠러 같은 선풍기가 쉬엄쉬엄 돌아가고 있었는데 그것으로 우리들 등줄기에 흐르는 땀을 식히기에는 역부족이었다.

나는 창밖을 우두커니 내다보다 말고 벌떡 일어났다. 나무의 맨 위 이파리 하나 까딱하지 않는 것이 나를 그렇게 발작시키지 않았나 생각한다.

그 시절 우리들의 호주머니 사정이란 뻔했다. 세 친구의 호주머니를 털어서야 고향 갈 차비가 되었다. 궁금해하는 인천 친구한테 책가방을 떠맡기면서 나는 말했다.

"어머니 산소에 벌초하러 가는 거야."

그러나 고향에도 바람이 불고 있지 않기는 마찬가지였다.

우리 어머니 묘의 풀만이 무성했다. 그 풀을 베고 땅찔레를 파내고 있는데 산지기 노인이 올라왔다. 산소하고 어떤 관계냐고 해서 아들

된다고 대답했다. 그러자 노인은 근처의 무성한 삘기 꽃 같은 허한 웃음을 웃으면서 말했다.

"네가 이렇게 컸단 말이냐? 네 어머닐 여기에 묻을 때 건 하나 달랑 쓰고 온 애기였는데……. 아무것도 모르고 떡이나 듬벅듬벅 베어 먹고 있더니……. 네가 그때 몇 살 때였는지 아느냐?"

"세 살 때였다고 들었습니다."

뿌리가 깊이 든 땅찔레를 뽑아내다가 나는 찔레 가시에 손바닥이 찔렸다. 빨갛게 올라오는 피를 보면서 뻐꾸기 울음소리를 듣고 있는데 산지기 노인이 다시 말을 이었다.

"그 무렵에 태풍이 올라왔었다. 그런데 한밤중이면 바람 속에 여기 네 어머니의 통곡 소리가 들리는 것이야. 너무 젊어서 아이를 두고 죽었던 것이 억울했던 게지. 우리 식구들은 한 사흘 밤은 측간에도 다니지를 못했었다."

내가 말대꾸를 않자 노인은 소를 풀어놓고 왔다며 산을 내려갔다. 나도 이내 손바닥의 피가 지혈되자 어머니의 산소를 뒤로했다.

나는 주인이 졸고 있는 선창 가게에서 소주 한 병을 사 가지고 고향의 외곽 간척지 둑을 걸었다. 그 둑은 바다를 저만큼 밀어내며 이웃 읍내로 뻗은 20리 길이기도 했다.

어느덧 해가 지고 달이 떠올랐다. 바닷물이 출렁거리는 아스라한 둑방 길을 소주를 홀짝거리며 걷자니 오랜만에 속이 좀 트이는 것 같았다.

그런데 둑의 한가운데쯤에 이르렀을 때였다. 바닷물 소리가 좀 달라지는가 했더니 달이 숨었고 천둥이 쳤다. 그러고는 곧이어 소나기가 쏟아졌다. 장대 같은 비였다.

처음에는 잠시 지나가는 것이려니 생각했다. 그런데 그것이 아니었다. 칠흑 같은 어둠 속에서 비는 줄기차게 내렸다. 사위를 살펴보니 저만큼에 불빛 하나가 희미하게 가물거리고 있었다. 나는 있는 힘을 다해서 그 불빛을 향해 뛰었다. 그 집은 돌담만 둘러 있을 뿐 대문도 없는 오두막이었다. 내가 주인을 찾기도 전에 인기척을 들었는지 방문이 열렸다. 검은 주름살이 얼굴 가득한 노인 내외가 마루로 나오며 물었다.

"누구시오?"
"길을 가던 학생입니다. 갑자기 비를 만나서……."
노인 내외는 흔쾌히 말했다.
"어서 안으로 드시오."

마치 기다리고 있었던 사람들마냥 할아버지는 젖은 옷을 벗으라며 삼베 바지저고리를 꺼내 주었고 할머니는 부엌에 나가서 물 한 사발을 끓여 왔다. 그러고는 한사코 거기에 밥 한 덩어리를 말아 주는 것이었다.

이튿날 아침, 눈을 떠보니 노인 내외는 일을 나갔는지 집에 없었다. 윗목에 엉뚱한 길손의 밥상만을 봐둔 채로.

  하늘은 언제 그런 소나기가 있었냐는 듯이 청명해 있었고 해는 또다시 끓을 채비를 하고 있었다.

  나는 묵묵히 밥을 먹었다. 그러나 고마움을 표할 것은 나한테 그 무엇도 없었다. 돌담가에 기대 놓은 대비를 들어 그 집의 마당이나 쓸어 놓고 온 것이 고작이었다.

# 채권 가방 이야기

며칠 전 비디오를 보다가 되감을 일이 생겼다. 기계 작동이란 간단하다. 되감기 버튼을 누르자 이미 지나온 앞 시간으로 뒷걸음질을 했다.

나는 문득 인생도 저렇게 되돌아갈 수 있다면 얼마나 좋을까 하는 생각을 했다. 전부는 물릴 수 없더라도 대학 시절만이라도 되돌아갈 수 있다면!

어느 노래 가사에 있듯이 '나는 참 바보처럼 살았군요' 가 아니라 나는 참 바보처럼 보낸 대학 시절이었다. 이제야 고백하지만 그 흔한 미팅 한 번도 해보지 않았고 여학생이 "맥주 한잔 사줘요" 해도 번번이 고개를 저어 버렸는가 하면, 노트 빌려 달라는 것이 은근한 끌어당기기 작전이라는 것을 모르지 않았으면서도 철저히 노트 인출을 거부했다.

아마도 이런 것은 나의 수줍음 많은 열등감 때문이었던 것도 같은

데 그나마 잊히지 않고 있는 몇 추억은 이런 것이다.

  3학년 때였던가? 아무튼 5월 어느 날이었다. 벚나무 밑을 지나는데 면식이 있는 후배 여학생이 쪼르르르 달려와서는 "형, 버찌 좀 따 줘요" 하는 것이 아닌가. 다른 때 같으면 "나 바쁘다" 하고 지나쳤을 텐데 그날은 웬일인지 "좋다" 하고서 가방을 맡겼다. 그러고는 내가 무슨 타잔이라고 벚나무 위로 올라가 까맣게 잘 익은 버찌를 땄다. 그런데 망신살은 벚나무에서 내려올 때 벌어졌다. 나무옹이에 걸려서 하필이면 바지의 중요한 부분(?)이 드드득 하는 소리와 함께 터져버린 것이다.

  그대로 못 본 척 고개를 돌려 주었으면 좋았으련만 "어머머, 형, 큰일났다" 하고 큰 소리로 고지를 해서 먼 데 여학생들까지도 올려다보게 만든 그 후배 여학생은 지금 어디서 어떻게 살고 있는지…….

  여름날, 동국대학교 석조관 건물은 참으로 시골 대청 같은 기분이 드는 강의실이다. 실비가 오던 날, 서정주 시인의 시 강독 시간에 낮술을 마시고 들어온 학생의 코 고는 소리가 들리자 빙그레 미소를 짓던 노시인. 나는 그 미소를 보고 반가사유상 미소 같다는 생각을 하기도 했었다.

  참, 양주동 박사님의 그야말로 무애로운 강의는 또 어떠했는가. 향가를 부르시고, 춤을 추시고……. 우리들은 웃다가 긴장하다가 얼굴을 붉히다가 그러다가 문득 창 저편의 남산 자락에서 소리치며 나는 꿩소리가 들려오기라도 할라치면 전생의 화랑으로 앉아 있는 것 같던 우리들. 아, 지금도 간혹 꿩이 날아오르고 있는지 모르겠네.

어쩌다 화장실에 얼굴이 보송송한 스님이 들르곤 했다. 그러면 우리는 "스님, 여기는 남자 용변 보는 뎁니다요" 하면, "저는 비구니가 아니라 비굽니다" 하고서 들어오던 스님들. 그분들이 과 대항 축구 시합을 할 때 차 올린 공보다도 공중에 더 높이 떠오르던 흰 고무신. 맨머리로 헤딩 패스 하던 것하며……. 이런 것은 우리 동국대학교가 아니고선 좀처럼 보기 어려운 풍경이리라.

할아버지의 누렇게 퇴색한 가방을 줄기차게 들고 다닌다고 해서 '채권 장수'라는 말을 들었는가 하면, 여름 한철만 빼고 바바리코트를 내내 입고 다닌다고 해서 '콜롬보 형사'라는 말을 듣기도 했던 나의 대학 시절. 다시 돌아갈 수 없는 그날이나 또 다른 '내'가 오늘도 전생의 낭도처럼 남산 자락을 누비고 있을 것이다.

이제 나는 '나'에게 주문하고자 한다. 돈키호테 소리를 들어도 좋으니 좋아하는 여인이 보이거든 무한히 따라다닐 일이다. 또한 책벌레가 되어 원 없이 책 속에 묻힐 일이다. 방학이면 배낭을 메고 떠나서 부여에서나 경주에서 초승달이 뜰 때부터 그믐달이 질 때까지 있어 볼 일이다.

# 가을날의 수채화

## 구름

　10월 하늘을 고개 들어 쳐다보면 가히 구름들의 운동 경기장이라고 할 수 있다. 큰 구름, 작은 구름들이 서서히 나타나기도 하고 사라지기도 한다. 나눠지기도 하고 합해지기도 하며.
　바닷가에서 바라보면 저 먼 수평선 위의 뭉게구름이 도시의 빌딩처럼 층층이 나타났다가는 흔적 없이 사라지기도 한다. 마치 죽음 속으로 사라져 버린 거인처럼.
　언젠가 시골길을 가다가 보았었다. 소녀가 방죽에서 소를 먹이고 있었는데 하늘에 떠가는 흰 구름을 향해 손을 흔들고 있는 것이었다.
　어깨라도 툭 쳐주고 싶었는데 놀란 꼬막처럼 마음을 닫아 버릴까 봐 그냥 고개를 숙이고 지나쳐 왔다.
　비행기를 처음 탔을 때의 기억은 구름밖에 없다. 손에 잡힐 듯한 구름이 창밖에 하도 폭신거려 보여서 훌쩍 구름 위로 뛰어내리고 싶었다.

구름은 그 모습 그대로 고정되는 일체의 형식을 거부한다. 산처럼 높다가 깃털처럼 흩어져 버리기도 하는…….

그리고 구름은 결코 그 죽음을 내보이지 않는다. 비나 눈으로 이 지상에 찾아들어 생수가 되었다가 다시 천상으로 올라가는 행로가 아닌가.

구름은 진실로 하늘과 지상을 연결하는 가교인 것이다.

## 마음

마음이 문제라는 말을 자주 듣는다. '내 마음 나도 몰라'라는 노래가사도 들었다.

그런데 요즈음 내가 한 가지 염려하고 있는 것은 마음의 '웃자람'이다. 마음도 몸처럼 차근차근 자라 주었으면 하는데 그렇지 못하는 것 같다. 아니, 현대인들의 불행은 경제 인플레와 같은 마음의 인플레 현상에 있는 것이 아닌가 하고 생각해 보게도 된다.

어린 시절 우리는 조개껍데기 하나에도 큰 기쁨을 누렸고, 단풍잎 하나에도 희열에 차는 마음이었다. 풀벌레 울음소리 한 낱에도 메아리 결 지는 마음의 소유자였는데 지금의 우리 마음은 어떤가?

값이 나간다는 금붙이에나 쏠려 있고 쾌락거리에나 기웃거려 보려고 하지 않는가.

도시만 공해로 그을려 있는 게 아니다. 우리의 마음도 각종 연기에 그을려 있다고 본다.

## 향기

거리를 걷다가 과일 가게 앞에서 발을 멈추었다. 노오란 유자가 햇볕 속에서 먹을 감고 있는 듯이 보였다.

알고 있겠지만 유자는 먹는 과일이 아니라 향기를 주는 열매이다. 가격을 물으니 의외로 값이 비싸다. 한 개를 사서 호주머니에 넣고 걸었다. 간혹 손을 넣어 만지다가 손을 빼내어 코에 대보면 유자 향기가 그렇게 향기로울 수가 없다.

전철을 탔더니 옆에 선 학생들이 '너 무엇을 발랐니?' 하면서 서로 고개를 갸우뚱거리며 코를 큼큼거리는 것이 몰래 재미가 있었다.

내려야 할 역에 전철이 닿는 순간 나는 얼른 유자를 꺼내어 곁에 선 학생한테 건네주었다.

"가져, 향기가 참 좋아."

이렇게 말하고 내리니 학생들이 '와' 하고 환호성을 터뜨렸다.

적은 돈으로 큰 기쁨을 얻은 날이었다.

# 거울

먼 옛날에 돌거울이 있었다고 한다. 돌을 갈고 갈아 돌칼이 아닌, 돌도끼가 아닌 돌거울을 만든 사람은 누구였을까 생각해 본다.

아니, 돌거울에 자기 얼굴을 어슴푸레 비춰 보고 환희와 비애를 느낀 사람은 누구였을까 생각해 본다.

현대인들의 불행은 너무도 또렷한 거울을 가지게 되면서부터 심화된 것이 아닐까 하고 생각해 본다.

김후란 시인의 〈돌거울에〉라는 시를 돌아본다.

> 울고 싶은 날은 울게 하라
> 비어 있는 가슴에
> 눈이 내리네
>
> 차운 돌거울에
> 이마를 얹고
> 바람에 떠는 너울 자락
> 첫 설움 옷깃에 적시듯
> 흰 눈이 눈썹에 지네

비어 있는 가슴에
썰물로 밀려든 그대
어둠 속에 그대 있음에
그대 목소리 있음에
그 가슴에 울게 하라
그 가슴에 울게 하라

## 메밀꽃

그 바닷가에를 갔다.
낙엽 지는 호젓한 산길을 올라가자 푸른 파도가 저쪽의 벼랑을 오르내리고 있었다.
우리는 드문드문 피어 있는 들국화와 눈인사를 나누었다. 그들은 다가간 우리들에게 향기를 주었으나 우리는 무엇 하나도 줄 것이 없다는 데 미안함을 느꼈다.
인적 없는 가을 바닷가는 무심날(장이 서지 않는 날)의 장터 같았다. 바람에 날려서 듣는 듯한 햇볕. 모래톱에 밀려와 있는, 푸름이 오히려 더 외로워 보이는 해초 이파리. 뻘 밭에 박혀 있는 소주병 목.
우리는 바닷가 언덕에서 한참을 우두커니 앉아 있었다. 바다 어디쯤으로 날아갔다가 돌아오는 고추잠자리가 마냥 고달파 보이는 것도 우리 마음 탓이리라.

일어나서 걷는데 저만큼에 시드는 풀밭 가운데 팝콘을 뿌려 놓은 듯한 하얀 꽃들이 보였다.

"저거 메밀꽃 아냐?"

내가 환호하자 그는 그제야 배시시 웃으며 입을 열었다.

"이 언덕에는 꽃이 별나게도 많이 피어요. 3, 4월 봄에는 풀꽃들이 지천에 널리지요. 오뉴월에는 해당화가 아름답구요. 그리고 7, 8월에는 달맞이꽃이 그만이어요. 그런데 선생님이 온다 한 가을만은 아무래도 이 언덕이 좀 성글 것 같았어요. 그래서 메밀 씨를 뿌려 놓았는데……."

## 연필

추석을 지내고 학교에 간 딸아이가 눈이 부어서 돌아왔다. 왜 울었냐고 물었더니 저희 반 친구한테 큰일이 있었다는 것이다.

추석에 고향으로 내려간 엄마, 아빠가 교통사고를 당해 돌아오지 않았다고 했다. 무심코 "언제 오신대?" 했더니 딸아이는, '아이고 답답해' 하는 표정으로 "친구 엄마, 아빠가 돌아오실 수 있으면 내가 왜 울어?" 하고 반문했다.

순간 나도 사위가 안개로 덮여 드는 것을 느꼈다. 이미 돌아올 수 없는 길로 들어선 분들도 그렇지만 남은 아이들한테도 이런 막막함은 전날까지만 해도 전혀 상상하지 않았던 일이었잖은가 말이다.

나는 날이 저무는 둥지 속에서 어미 새를 기다리며 쨱쨱거리는 아기 새 울음소리를 듣는 것 같아서 자주 한숨이 쉬어졌다.

이튿날, 학교 가는 딸아이한테 책을 넣은 봉투를 내밀었다.

"너희 반 그 친구한테 가져다주어라. 용기 잃지 말라는 말도 전하고."

그러자 딸아이가 갑자기 내 엉덩이를 토닥토닥 두들기면서 대꾸했다.

"아이고, 울 아빠 이뻐라."

그런데 딸아이의 그 친구로부터 답신이 왔다.

"선생님, 연필로 이 글을 씁니다. 연필을 만지고 있으면 따뜻해서 좋으니까요. 선생님, 엄마 아빠가 계시지 않지만 따뜻함 잃지 않고 살겠습니다."

## 선물

5년째 카리타스 수녀회에서 발행하는 잡지에 글을 싣고 있다. 그런데 그 수녀회 원장 수녀님으로부터 얼마 전 전화가 걸려 왔었다. 일요일 아침 식사를 수도원에 와서 하면 어떻겠냐는 초대였다.

"아니, 웬일로 아침 식사에 다 초대하고 그럽니까?" 하고 반문했더니, "선생님은 본명 축일도 모르셔요?" 하고 웃었다. 그때서야 나는 그날이 성인 아시시 프란체스코(나의 가톨릭 영세명)의 축일인 것을 기억해 냈다.

나는 모처럼의 일요일 단 새벽잠을 털고 일어나 아침 안개 속에 묻힌 수도원을 찾아가서 미사를 보았다. 남자라곤 미사를 집전하시는 신부님과 나 둘뿐인 수녀원의 미사는 수도복만큼이나 경건하였다.

미사를 마치고 안내받아 간 수녀원의 식당은 작고 검소하기만 하였다. 따뜻한 우유 한 잔과 빵과 야채, 그것이 전부였다. 식사 마침 기도가 끝나자 원장 수녀님이 일어나 말했다.

"보잘것없지만 저희 선물 받으셔요."

한 수녀님이 기타를 가지고 왔다. 그러고는 원장 수녀님까지 모두 옹기종기 모여 서서 〈태양의 찬가 — 프란체스코의 노래〉를 부르기 시작하였다.

오, 감미로워라
가난한 내 맘에 한없이 솟는
정결한 사랑
오, 감미로워라
나 외롭지 않고 온 세상 만물

향기와 빛으로
피조물의 기쁨
찬미하는 여기
지극히 작은
이 몸 있음을

그것은 이 세상 어느 것과도 비교할 수 없는 거룩하고도 아름다운 선물이었다.

## 갈대

강변에고 언덕에고, 심지어 버려진 돌무더기가에도 새하얗게 피어서 흔들리고 있다.
향기가 없어서 목을 더 빼어 든 것일까?
모딜리아니의 캔버스 여인네처럼 한껏 목을 올리고 이쪽을 물끄러미 바라보기나 하고 있는 갈대는 우수의 표정, 바로 그것이다.
그러나 갈대는 애가 타지 않는다.
눈물을 참아 내고 참아 내서 마침내 저렇게 새하얗게 토해 버린 것이다.
이제 갈대는 빈 대궁만으로 서서 아주 작은 바람에도 흔들리면서 가는 이는 가라 하고 남는 이는 남자 한다.

떠나 버린 슬픔에 초승달 빛 속에서 야월망정 한 점 기미도 끼지 않는 얼굴.

담 없는 어느 산사의 호롱불 빛 머금은 문창호에 어리던 긴 그림자가 생각난다.

노을

해가 지고 있다.

지는 해의 마지막 빛 한 줄기가 어디에서 사위어 가고 있을까 생각해 본다. 바람 새어 드는 양로원의 창가, 전방의 포신, 공단의 굴뚝, 고층 빌딩 위의 피뢰침, 지하도 입구에서 군밤을 뒤적이고 있는 여인의 손등. 포장마차의 휘장을 걷어 올리면 반쯤 남은 소주병 눈금에 머물고 있을지 모른다.

동생을 업고서, 일터에서 돌아올 엄마를 마중하러 나온 작은 소녀의 머리핀 위에서 반짝일지도 모르며, 지금 막 사위어 가는 석양의 이 빛 한 움큼은 막 출항의 닻을 올리는 밤배의 돛대 위에, 밤일을 나가기 위해 신발 끈을 졸라매는 노동자의 손등 위에 떨어지고 있을 것이다. 가을, 노을이 저리도 아름다운 것은 이 때문이리라.

고치

 잎 져버린 나뭇가지에 달려 있는 고치를 본다. 비상할 날을 기다리며 애벌레는 지금 묵상하고 있는 것이다.
 그러나 저들보다 우월한 우리 인간들은 어떤가. 더러는 살아가고 있는 것이 아니라 굳어 가고 있지는 않은지……
 저 미물조차도 저 고치 모습이 마지막이 아니라는 것을 안다. 저들은 언젠가 저 성으로부터 탈출하여 창공을 날 나비의 꿈을 가지고 있는 것이다.
 소유가 아니라 삶이며, 무거워져 감이 아니라 가벼워져 가기 위해서는 우리들 저 안쪽의 눈과 귀를 열어야 할 것이다.

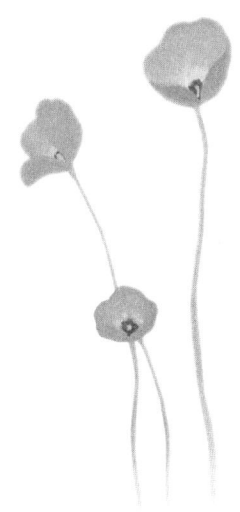

# 3
# 바다로 가는 길

# 사람은 아름답다

'사람은 아름답다.'

나는 이렇게 생각하고 있다. 더러는 사람이 짐승보다 무섭고 잔인하다고 말하고 있지만 청정 그 자체인 것도 사람이며, 사랑이 있고, 남을 살려 내고 자신이 죽는 것도 사람이지 않은가.

순박한 시골 할머니의 미소를 보라. 어린 아가의 저 이슬로 씻은 듯한 눈망울을 보라. 사랑하는 연인을 향해 달려가는 청춘을 보라. 어디 더럽고 무섭고 잔인한가.

백합꽃이 희다고? 소녀의 무릎보다 아름다워? 며칠이면 끝나 버리는 꽃의 수명을 아느냐고? 꽃잎이 지고도 향기가 남아?

사람은 그렇지 않지. 소녀도 꽃이지만 엄마도 꽃이야. 어떻게 사느냐에 따라서 죽음 뒤에도 향기가 있을 수 있는걸. 짐승도 제 새끼를 위해서 몸을 던진다고? 그럼 친구를 위해서도 짐승이 몸을 던지나? 생전 보도 듣도 못한 학생이 물에 빠져 허우적거리는 것을 보고 건져

낸 뒤 대신 죽은 사람을 어떻게 생각하나?

사람 머리보다도 뛰어난 컴퓨터가 있는가. 사람 눈보다도 뛰어난 렌즈가 있는가. 사람 코보다 정확한 후각기가 있는가. 사람 성대를 뛰어넘는 악기가 있는가. 젊은 여체보다도 아름다운 미가 있는가.

자연은 아름답다. 하지만 거기에 사람이 있음으로 해서 사람다움은 값을 하는 것이다.

깊은 밀림에, 광활한 사막에, 바다에 사람이 없는 것은 공포일 뿐이다. 거기 어디엔가 사람 발자국이 놓임으로 해서 우리는 비로소 숨 쉬는 지구를 느낀다. 캄캄한 밤길을 걸을 때 어둠 속에서 불빛 한 줄기 번져 나옴은 꽃보다도 더 진한 반가움을 일게 하지 않는가.

물론 이 세상을 어지럽히고 있는 것 또한 사람들이다. 짐승보다도 잔인한 인간이 존재하고 있는 것도 사실이며, 빛 속으로가 아니라 어둠 속으로 인간이 인간을 끌어가고 있는 무리도 있다.

신문을 보면 우리 이웃은 협잡꾼과 치한과 도적으로 온통 뒤덮여 있는 듯이 보인다. 캄캄해 보이고 걱정스럽기만 하다.

그러나 나는 이 '세상호(號)'는 어두운 밤 항해만을 하는 것이 아니라 한낮의 항해도 하고 있다고 믿는다. 산천에 쓰레기가 날로 늘어가고 있지만 그러나 아직은 들꽃이 많듯이 우리네에도 선량한 이웃이 더 많다고 생각한다. 어른들은 다소 흐려져 있는 것이 사실이지만 저 순진무구한 어린이들은 선량한 편이지 않은가.

나는 여기에 링컨의 한마디를 얹고자 한다.

"언제 죽더라도 나를 아는 이들이 나의 이 말을 해주었으면 합니다. 나는 언제나 꽃이 자랄 만한 곳에는 엉겅퀴를 뽑고 꽃을 심었다는 사실을."

# 행복 찾기

힌두교에 전해 오는 이야기에 이런 것이 있다.

이 세상이 처음 이루어졌을 때 인간에게는 행복이 미리 주어져 있었다. 그러니 인간들이 얼마나 하염없이 늘어져 살았겠는가.

보다 못한 제석천이 인간들에게서 행복을 회수해 버렸다. 그런데 문제는 회수한 행복을 어디에 숨겨 두느냐는 것이었다.

한 신이 제안하였다.

"깊은 바다 속에 감춰 두면 어떨까요?"

제석천은 고개를 저었다.

"인간들의 머리는 비상하다. 바다 속쯤이야 머지않아 뒤져서 찾아 버릴 것이다."

다른 신이 제안하였다.

"히말라야 정상에 감춰 두면 어떨까요?"

이번 역시도 제석천은 고개를 저었다.

"인간들의 도전과 탐험은 따를 동물이 없다. 그러니 제아무리 높은 산 위에 숨겨 두어도 이내 찾아 버릴 것이다."

궁리하고 궁리한 끝에 제석천은 무릎을 치고 일어났다.

"인간들의 마음속 깊은 곳에 숨겨 두기로 하자. 인간들의 머리가 비상하고 도전하는 탐험 정신이 강해도 자기들 마음속에 숨겨져 있는 행복을 알아내기는 쉽지 않을 것이다."

물질 파고가 높은 현대에 있어 깊은 것을 생각게 하는 우화가 아닐 수 없다. 사실 오늘을 사는 우리는 바깥을 향한 갈퀴질에 지칠 대로 지쳐 가고 있는 중이다.

물론 이 갈퀴질은 행복 찾기이다. 그러나 죽음을 맞는 이들은 말하곤 한다. 그동안 눈코 뜰 사이도 없이 갖은 수모를 당하면서 갈퀴질해서 모아 놓은 것이 행복이 아니라 검불이었노라고.

나는 얼마 전 두 아이를 둔 주부의 짧은 수기를 읽었다. 이분의 글은 남편의 귀가 시간이 늦어서, 아이들이 공부를 않고 속을 썩여서, 돈이 없어서 등 짜증 많은 나날 가운데의 '어느 날 갑자기'로부터 시작하고 있었다.

머리가 깨어질 듯이 아파서 병원에 가 검사를 해보니 결과가 뇌종양으로 나왔다는 것이다. 성공보다도 사망률이 훨씬 높은 수술 날짜가 잡히자 그녀는 집으로 돌아와 모든 것을 정리했다고 했다. 빌린

돈이며, 받아야 할 것이며, 돌려주어야 할 것이며.

제일로 많이 운 것은 옷장을 열어 아이들 옷을 정리할 때였다고 한다. 나중에는 다용도실로 들어가 빈 세탁기를 돌리며 넋 놓고 울었다는 여인. 이 여인은 수술실로 들어가면서 남편한테 "미안해요"라는 말을 남겼는데, 평소에 무뚝뚝하기로 소문난 남편이었는데도 바닥에 풀썩 주저앉아 버리더라고 했다.

그러나 이 여인의 뇌종양 수술은 다행히 성공이었다. 수술을 받기 위해 머리를 깎았다고 하자, 큰아이는 저금통을 깨뜨려서 가발을 사오고, 작은아이는 모자를 사오고……. 가족들에게 둘러싸여 병원을 나서는데 기쁨에 몸이 나뭇잎처럼 떨리더라며 이렇게 글을 맺고 있었다.

"나는 지금 짜증 낼 시간이 없다. 오늘은 아이들이 학교에서 돌아오면 어떻게 해줄까? 저녁 반찬은 무엇을 할까? 남편 마중을 나가서 무슨 장난말을 걸까? 온통 행복할 궁리에도 부족한 시간이다."

# 2월과 바다와 동백꽃과

2월이 되면 동백꽃이 떠오른다. 그리고 동백꽃을 보면 바다가 느껴진다. 동백꽃은 기후가 따뜻한 남녘에 자생하는 동백나무의 꽃이다. 해당화처럼 바닷가에서만 사는 꽃나무는 아닌 줄로 안다. 어쩌다 바닷바람이 들기는 하겠지만 상당히 골이 깊은 선운사나 백운산 자락에서도 천 년의 이력을 지닌 채 군락을 이루며 살고 있다. 꽃이 만개하는 때는 3, 4월이다.

정작 동백(冬柏)의 이름 절기인 겨울에는 대개의 꽃봉오리가 소녀들의 젖멍울처럼 발그레이 부풀고 있을 뿐이다. 그런데도 동백꽃이 이름을 찬탈당하지 않고 있는 것은 꽃이란 꽃은 눈 씻고 찾아보기 어려운 엄동에 조숙한 여아 같은 꽃봉오리들이 노루 꼬리 같은 겨울 햇살에 간지럼을 느껴서 터져 버리는 일이 더러 있기 때문일 것이다. 사실 지난해 11월에 내가 광양 백운산에 갔을 때만 해도 봉오리를 활짝 활짝 열고 있는 조숙한 동백꽃들이 눈에 제법 띄었었다.

그러나 동백꽃의 매력은 역시 음력 정월에 있다. 겨울바람에 어느 정도 탈진해 버린 듯한 사람들 그리고 엄동설한에 겹문조차도 열려고 하지 않는 사람들, 하나 그중에는 하루의 일용할 양식을 그날의 노동으로 벌어 올 수밖에 없는 이들이 있어 그들을 응원하고자 함이 아닐까. 매서운 서릿발에 굴하지 않고 내밀어 보이는 저 숯불덩이 같은 빨간 꽃등의 의연함은.

벌써 많은 세월이 흘렀다. 군에서 갓 제대해 도회의 찬바람과 군중과 네온사인에 은근히 기죽어 있던 2월이었다.

고향 친구 백상구로부터 '사랑하는 벗 채봉아'로 시작되는 한 통의 편지가 날아들었다. 자기가 근무하는 섬마을 초등학교 졸업식에 한번 다녀가라는 초청이었다. 술도 원 없이 사주고, 회도 원 없이 먹게 해주고 잘하면 여선생님도 소개해 주겠다는 것이었다. 그런데 한 가지 조건이 붙어 있었다. 자기가 6학년(졸업생) 담임인데 졸업식장에서 졸업생 대표가 읽을 답사를 눈물이 쏙 빠져나오게 써오라는 것.

나는 때마침 숙부 집에서 밥 먹고 빈둥거리면서 지내던 참이라 하룻밤을 꼬박 새워 가며 '답사'를 써서 지니고 서울역에서 밤 11시 30분에 출발하는 기차를 탔다. 이튿날, 전라선의 종착역인 여수에 도착한 것은 아침 6시. 어디 마땅히 갈 곳도 없고 해서 역전 해장국 집에서 지방 신문을 뒤적이며 한 시간. 목욕탕에서 발뒤꿈치 때까지 벗겨 가며 한 시간 반. 부두로 나가 다방에서 책을 보며 또 한 시간. 그리하여 마침내 10시 30분 여객선을 타고 난생처음으로 세 시간여의 항해 끝에 거문도에 도착하니 마중 나온 친구의 코는 바닷바람에 빨갛게 얼어 있었다.

나는 그때 그곳에서 2월 바다의 아름다움에 반했다. 바위가 많은 거문도의 2월 햇살은 정말 투명하였다. 그것은 사면을 둘러싼 태평양 영역권에 든다는 그곳 바다의 짙푸름 때문일지도 모른다. 눈이 시리게 푸른 바다와 많은 햇볕 덕분인지 그곳 산에는 침엽수인 소나무보다도 활엽수인 동백나무가 더 많았다. 그것도 아름드리 나무들이었다. 지금은 어떤지 모르지만 거기 사람들은 동백나무를 베어 와서 말려 땔나무로 쓰고 있었다. 동백꽃들이 송이송이 달린 나뭇짐 지게가 이방인에게는 신기하게만 비쳐졌다.

친구는 아침이면 나를 깨워서 뒷산으로 산책을 가곤 했다. 지금도 훤히 떠오르는 정경은 산중턱이 온통 떨어진 동백 꽃송이들로 새빨갛던 기억이다.

나는 거기 바다를 향해 고개를 빼고 있는 듯한 거북 바위에 앉아서 점 하나도 걸린 것이 없는 수평선을 바라보며 적막감을 반추하곤 했다. 그럴 때 느껴지던 기척, 그것은 때로 동백 꽃송이가 지던 소리이기도 하고 피어나던 소리이기도 하였으리라.

산비탈의 태극기가 펄럭이던 작은 학교에서 졸업식이 있던 날이었다. 그날의 그 학교는 동백꽃 천지였다. 식장도 동백꽃으로 주렁주렁

했고 아이들 가슴에도 선창이나 밭에서 일하다 말고 근처 동백나무에서 뚝뚝 꺾어 가지고 달려온 엄마나 언니들로부터 받은 꽃다발로 가득가득이었다.

  마침내 아이들이 떠나가고 없는 텅 빈 운동장 귀퉁이에서 나는 친구의 소개로 그 학교 선생님 다섯 분과 인사를 나누었다. 돌아오는 길에 나는 친구의 옆구리를 손가락으로 찌르며 웃었다.

  "소개하겠다는 여선생님은 어디 있니?"

  "아, 방금 인사시켜 줬잖어."

  "임마 그분은 아줌마인 부부 교사라며?"

  "어메, 이 미친놈 보소이. 나가 언제 처녀 선생님 소개해 준다고 했냐? 여선생님 소개해 준다고 했제."

  그때 2월의 바다도 웃고 있었을까. 내 귀에 파도가 큰 소리로 달려왔었다. 친구의 학년 말 방학을 기다리느라고 며칠을 더 묵고 친구와 함께 돌아오던 길에서였다.

  여수 부두에 도착하여 따뜻한 국밥을 먹을까 하여 간이 음식점에 들렀더니 잔심부름하던 아이가 친구를 보고 "선생님, 안녕하십니까?" 하고 허리를 깊이 숙여 절을 했다. 순간 친구는 "아니, 너 벌써 여기 나와 있냐?" 하고 놀라고. "예, 졸업식 날 바로 큰아버지가 데리고 와서 취직시켜 주었습니다"라고 대답하던 아이의 눈길이 내 비닐봉지에 머물렀다.

거기에는 친구가 준 덜 핀 꽃봉오리들이 많은 동백 꽃다발이 들어 있었던 것이다.

친구가 나가서 맨소래담을 사와 건네주던 그 소녀도 지금은 어느 아이의 엄마가 되어 있을 테지.

올 2월에도 동백꽃이 피는 바닷가 마을에 한번 다녀와야겠다.

# 바다로 가는 길

　금년에는 휴가를 앞질러서 챙기기로 하였습니다. 이른바 '휴가 시즌'이라고 하여 다 함께 들떠서 행사를 치르는 것 같은 7, 8월 열병에 진저리가 났기 때문입니다.

　작년에는 남들이 다 갔다 온 가을께에 부여와 공주를 다녀왔었지요. 한적한 백마강가에 우두커니 서서 저녁놀을 바라보기도 하였고, 낙화암에선 옛 백제 궁녀들의 넋을 기리기라도 하는 듯 낙엽이 지는 것을 비감 속에서 반추하기도 하였습니다. 그리고 부소산 기슭에서는 검게 탄 군량미 대신 깨진 콜라 병 목이 흙 속에 묻혀 있는 것을 보았고요.

　이렇게 남들하고 때를 비켜서 다녀 보니 여유가 있어 좋고 내가 보고 싶은 것을 볼 수 있어 좋았습니다. 이 맛에 이번에는 6월 휴가를 마음먹기에 이른 것입니다. 홀로 바다에 가서 그동안 도심에 묻힌 그을음을 헹구고 오기로.

7월의 바다가 원숙한 여인이라면 6월의 바다는 옷깃만 스쳐도 뺨이 붉어지고 가슴이 울렁거리는 처녀라고 생각되자 더욱 서둘러졌습니다.

  처음에는 어느 바다로 갈까 하고 생각하였지요. '바다' 하면 대부분은 '동해'를 전해 줍니다. 걸림이 없는 수평선, 그리고 짙푸른 물빛, 하얀 모래사장하며, 우리나라에선 강원도 동해안이 최고라는 걸 저도 인정합니다.

  그러나 물빛의 푸름은 좀 덜할는지 모르지만, 멀리 수평선에 점점이 섬이 걸려 있어서 트인 맛이 덜할는지 모르지만, 그리고 진득한 갯벌로 하여 마뜩찮을지 모르지만 다도해나 서해가 저한테는 훨씬 더 정겹습니다.

  사람은 자기가 태어나고 성장한 곳의 영향을 강하게 받는 것 같습니다.

  얼마 전 독일에서 유학을 하고 돌아온 화가 신부님을 만나 이야기를 하던 중에 모차르트 음악을 알려면 그가 자란 잘츠부르크를 가봐야 한다는 말을 들었습니다. 사계절의 변화가 의연하고 비가 자주 오고 안개가 간혹 끼어들고 물과 바람이 늘 흐르고……. 아무튼 모차르트 음악 같은 풍광이라는 것이었습니다.

  그래서 예부터 사람의 태생을 이름 다음에 꼭 밝혔던 것이 아닐까요?

저는 그러니까 멀리 바다 너머로 섬이 내다보이고, 파도 소리가 소소하게 들리고, 갯벌에서 갈대가 서걱이는 해변 마을 출신이기 때문에 동해안보다도 남해안이나 서해안이 제 마음을 당겨 가지 않나 생각합니다.

차창에 '바다행'이라는 청색 쪽지를 붙이고서 두 시간을 달리자 해변 마을 언저리를 도는 갯바람을 대할 수 있었습니다. 약간은 간이 들고 갯가 특유의 내음이 섞인 바람. 대개의 분들은 바닷바람이 상큼하다고들 말하고 있습니다만, 보다 정확히 말한다면 약간의 비린 내음과 조개 곯은 냄새가 섞여 있는 것이기 때문에 갯바람은 '간잔조름(우리 고향의 표현)하다'고 할 수 있습니다. 더러는 불쾌하다고 하는 그 바람이 저한테는 오히려 고향에 가까이 다가온 듯한 반가움을 줍니다.

산굽이를 돌자 멀리 바다가 그 푸른 자락을 약간 비치다가는 다시 산 너머로 가고 맙니다. 학교에서 돌아오는 듯 어린아이 둘이서 걸어가며 가위바위보로 아카시아 잎 따기를 하고 있습니다. 밀짚모자를 쓰고 경운기를 몰고 가는 아저씨를 만났으며, 그 경운기의 적재함에 할머니 한 분이 쪼그리고 앉아서 고구마 줄기를 벗기고 있는 것을 보았습니다.

고개를 넘자 강줄기가 나타났습니다. 길은 이제부터 강줄기와 함께 나란히 바다를 향해 달리고 있습니다. 강물은 이제 머잖아 그들의 목적지인 바다에 이를 것입니다. 유장한 저들의 행로를 생각해 봅니다. 하늘에서 땅으로, 그리고 모여서 도랑을 이루고, 내를 이루고, 강을 이루고, 그리하여 마침내 바다에까지 온 것입니다.

얼마 전 저는 어느 여학교에 초청받아 간 자리에서 '이별의 아름다움'에 대해 이야기하였습니다. 헤어짐이란 눈물 주머니로, 절망으로 생각하는 그들에게 이별 예찬을 하자 하나같이 분노 섞인 표정으로 바라보는 것이었습니다. 학생들은 표정으로 이렇게 항의하는 것 같았습니다.

'세상에, 어떻게 헤어지란 말이에요. 말도 안 돼.'

그래서 저는 이렇게 바다를 향해 오는 물로 예를 들었습니다.

"처음 땅에 내린 비는 모여 흘러서 연못을 만납니다. 그러나 거기 연못과 정이 들었다고 해서 헤어지기를 거부한다면 어떻게 될까요? 들 사이로 흘러가는 시내를 만날 수 없지요. 연못을 떠나야만 시내에 들 수 있고, 시내를 떠나야만 강을 만날 수 있으며 강과 또 헤어져야만 바다를 만날 수 있는 것 아닙니까?" 했더니 학생들은 다소곳하였습니다.

저만치서 갈매기가 마중을 나오고 있습니다. 바람에 묻어 오는 파도 소리가 벌써 귀를 씻어 줍니다.

아! 푸른 바다가 새벽녘의 먼동처럼 트여 오고 있습니다. 바다는 예나 지금이나 그대로인데 찾아온 저만 차차 시들어 가는 것 같아서 속이 상합니다.

늘 젊은 그대로인 바다의 비결을 생각해 봅니다. 정체되어 있기를 거부하는 파도에 있는 것이기도 하겠지요. 그러나 그 내면은 서로를 끌어당기는 인력(引力)이지요. 사람이 나이 들어 간다는 것은 인력의 마모 현상과 비례하는 것은 아닐까요?

어떤 생체학자가 이런 말을 한 것을 기억하고 있습니다. '생물은 시작하면서부터 성장하는 것이기 때문에 죽음이란 사실 성장의 정점'이라고요. 이분의 도전은 그러니까 '어떻게 늙음을 인정하지 않고 계속 성장케 하여 끝남(죽음)이 곧 완결일 수 있을까' 하는 것이라고 하였습니다. 바다에 와 닿는 강처럼.

저는 불행히도 생체의 그 비책은 알지 못합니다. 그러나 우리 마음에 대해서는 새뮤얼 울먼의 〈청춘〉이란 이름의 시 중 첫 연을 드릴 수 있습니다.

청춘이란 인생의 한 기간을 말하는 것이 아니라 마음가짐을 말한다. 씩씩하고 늠름한 의지력, 풍부한 상상력, 불타는 정열을 말한다. 청춘이란 인생의 깊숙한 곳에서 솟아오르는 샘물의 청신함이다.

해당화 꽃향기가 들리고 있습니다. 보이지 않는 저 꽃향기한테도 반갑다는 손짓을 보냅니다. 개펄에서 게가 빠끔히 내다보고 있습니다. '그래, 반갑다.' 게한테도 눈인사를 보내며 이 해변에 듭니다. 파도처럼 늘 푸른 날마다이기를 바랍니다.

## 아름다운 전설의 탄생

오늘은 경북 예천으로 흐르고 있습니다.

시외버스 뒤편 좌석에 앉아서 버스가 흔드는 대로 흔들리고 있습니다. 산굽이를 감아 돌고 강줄기를 끌어당겨서 뒤로 놓아 보내며.

예천은 예로부터 물맛이 좋기로 소문난 고을이어서 예천이라 한답니다. 내가 알기로는 태평성세가 되면 나타난다는 봉황새가 먹는 물이 예천이라고 한다는데 그렇다면 봉황새가 숨어 있는 곳이 아닐까 하는 막연한 기대가 있기도 합니다.

서울에서 시외버스 편으로 세 시간 반 만에야 좀은 한적한, 그러나 서성이는 사람이 끊이지 않는, 예천 버스 터미널이라고는 하나 차라리 예천 '차부'라는 말이 더 어울릴 것 같은 곳에 도착하였습니다.

마침 모시 한복에 밀짚모자 그리고 흰 고무신을 신은 노인이 차 시간표를 올려다보고 있어서 다가가 물었지요.

"감천면의 석송령을 찾아가려고 하는데 어떻게 가야 하는지요?"

"감천면의 석송령이라아……."

노인은 오른손에 들고 있는 부채를 활짝 펴서는 천천히 부치면서 일러 주었습니다.

"그렇다면 저기 저 시내버스 타는 데 가서 벌방 쪽으로 가는 버스를 타고 가다가 석평리에서 내리시오. 거기에 그 큰 소나무가 있어요."

큰 소나무, 그렇습니다. 나는 지금 석송령이라는 이름을 가진 한국 제일의 큰 소나무를 만나러 가는 길입니다.

작년 늦가을께였지요. 한 모임에 나가서 이 얘기 저 얘기를 듣는데 프랑스 여행을 다녀오신 분이 이런 말을 하는 것이었어요.

'프랑스 여행 중에 한 작은 읍에를 들렀다. 그 읍에는 한 우체부가 작은 돌멩이들로 쌓아 놓은 성(城)이 있어서 그 고을을 찾아오는 사람들을 감동시킨다. 그 성의 내력은 이렇다. 그 읍내의 한 편지 배달부가 편지를 배달한 다음에는 우편 가방에 돌을 주워 담아 메고 와서는 성을 조금씩 조금씩 쌓기 시작했다. 어떤 때는 성의 안쪽에 짧은 시구 같은 낙서를 남기기도 했다. 아무튼 이 우편배달부는 수십 년에 걸쳐 이 성 하나를 남기고 세상을 떠났는데 후일 이를 안 파리의 내로라하는 시인들이 이 사람에게 시인 칭호를 얹어 주고서 기리게 되었다.'

그러자 다른 한 분이 '그렇다면 우리나라에도 그 프랑스 사람 못지않은 분들이 있다' 며 말하는 것이었습니다.

전북 진안의 마이산 자락에 평생을 바쳐 탑들을 세운 이도인과 경북 예천의 석송령이라는 소나무에 자신의 농지를 상속시킨 이수목이라는 분의 얘기를.

"아니, 전답을 자식이나 인척한테가 아닌, 소나무한테 물려준 분이 있다는 말이지요?"

그러자 상대는 틀림없는 사실이라며 거듭거듭 확인해 주는 것이었습니다. 그 즉시 찾아보고 싶었지만 세상살이 틈이 어디 그렇게 쉽게 얻어집니까? 지나다 보니 어느덧 가을이 가고, 겨울이 가고, 그리고 봄이 가고, 여름이 와서 다시 가을을 맞을 채비에 이른 것이지요. 그래서 이 여름만큼은 반드시 석송령을 만나고야 말겠다고 다짐한 바가 있어서 찾아오게 된 것입니다.

버스 정류장에서 노인이 일러 준 버스를 타고 40여 분을 달리자 천향 정류장이 나왔습니다.

나는 석평리 큰길가에서 이내 알아보았습니다. 굳이 천연기념물 제294호라는 현판을 보지 않고서도 석송령을 알아볼 수 있는 것은 그 의연한 풍채 때문이 아닐까 합니다.

높이가 10미터이고 나무 둘레가 4.2미터, 그리고 수관으로 인하여 생기는 그늘 면적만도 324평이라고 하니 이 석송령의 위용을 가히 짐작하고도 남을 것입니다.

6백여 년 전 풍기 지방에서 홍수에 떠내려온 어린 소나무를 마을의 한 사람이 심었다고 전해져 오는 이 석송령은 '부자 소나무'라는 별명을 지니고 있기도 합니다.

곧, 1928년(등기부 기재)에 이수목이라는 분이 자기의 토지(3,937 제곱미터)를 이 큰 소나무한테 상속시킨 것이지요. 그러자 자연히 후일에 세금이라는 것이 부과되게 마련인데, 이 석송령 님은 기한 내 자진 납부를 않더랍니다. 그래 면사무소에서 독촉장을 들고 석평 마을에 찾아와 보니 성이 석씨이고 이름이 송령인 줄 알았던 석송령은 사람이 아니라 이 큰 소나무였다는 것이 아닙니까. 밀린 세금 내라고 한번 혼내 놓을 생각으로 찾아간 면 직원의 낭패한 얼굴이 눈에 보이는 듯합니다.

지금은 마을 사람들이 석송령계를 조직하여 토지 임대료를 받아 매년 음력 정월 보름에는 제사도 지내고, 이 마을 출신 중·고등학생들에게 장학금도 주고 세금도 내고 한답니다(1991년의 경우 석송령 앞으로 나온 세액은 종합 토지세, 교육세, 지방세 등을 합해 11만 480원이었음).

우리는 애써 모은 재산 때문에 부모와 자식 간이 또는 친척 간이 짐승만도 못한 칼부림으로, 송사로 더럽혀지는 꼴을 보고 있습니다. 상속 시는 또 어떻습니까. 어머니와 자식 간에 또는 형제 간에 얼마나 더러운 다툼이 일어나고 있습니까.

나는 아름다운 자연과 아름다운 사람이 어울릴 때 진정으로 하느님 보시기에 '참 좋았다'라고 할 수 있는 정경이 나타난다고 생각합니다. 아무리 남태평양이 아름다워도 거기에 아름다운 원주민의 춤이 어우러지지 않으면 태고의 바다, 그 자체일 뿐입니다.

나는 여기 예천 큰 소나무 '석송령'에 이수목 선인의 아름다운 의지가 접목되어서 오늘의 이 아름다운 전설이 탄생되었다고 믿습니다.

그렇습니다. 전설은 멀리만 있는 것이 아닙니다. 전해 오고만 있는, 우리에게는 불가능한 것만이 아닙니다. 오늘 우리도 전설이 될 수 있습니다. 먼 훗날에 올 우리 후손에게는.

문제는 우리가 전설 속의 괴기의 주인공, 또는 실패한 주인공이 되지 않고 곰할머니 같은, 온달 장군 같은 아름다운 주인공이 되느냐 하는 데 있을 것입니다.

그런 점에서 나는 오늘을 사는 우리 이웃들에게 예천의 석송령에 가서 그 넉넉한 그늘 아래에서 삶에 대한 자세를 한번쯤 명상하고 돌아오기를 바라는 것입니다.

# 풀잎으로 돌아가서

 전혀 기대할 것이 없으면서도 아침 잠자리에서 눈이 떠지면 신문부터 집어 든다. 대개의 중년 남자들이 그러하듯 나도 대강대강 신문의 제목만 훑는다. 그러다가 신문을 손에서 놓을 때는 '빌어먹을'이라는 푸념을 하는 것이 습관이 되어 버렸다.
 그러나 이런 인간 마을과는 달리 자연 마을의 아침 정령들은 날마다 새롭다. 먼동이 트면서 이는 바람에는 어제의 먼지가 묻어 있을 리가 없으며 이슬방울 또한 오늘 치로 정갈하기 그지없다.
 떠오르는 태양은 어떤가. 어제의 풀 죽은 빛이 아니라 새 빛이다. 어느 한 곳 차별하지 않고 고루고루 비치고 있는 저 빛살. 새들도 새 목소리로 우짖고, 나무도 풀도 싱그러운 아침이 아닌가.
 오직 인간들의 마을에서만 붉힌 채로 눈을 뜨는 사람들이 있다. 밤 사이에 음모가 있었고 칼이 부딪쳤고 파괴가 있었다. 그것들이 신문을 거꾸로 들면 바퀴벌레 같은 음흉한 낱말로 쏟아져 내려오고 있는 것이다.

이것이 인간 세상의 본모습인가. '아니다'라고 나는 단호히 부정한다.

얼마 전 나는 바닷가에 홀로 앉아서 저녁을 맞고 있었다. 어둠을 소리 없이 밀어 와서 차곡차곡 재놓고 있는 듯한 파도. 그 파도조차도 어둠에 묻혀 소리만이 스산하게 울려 오고 있었을 때 저 먼 섬 기슭에 한 송이 꽃처럼 밝혀지던 등불. 그것은 아름다움이라고밖에 표현할 길이 없었다.

인간이 위대한 것은 사고할 수 있는 능력이 있기 때문만은 아닐 것이다. 생각하는 기능이 오히려 악의 편에 서는 사람이 얼마나 많은가. 윌리엄 포크너도 말했듯이 '인간은 모든 피조물 중에서 그만이 무한한 음성을 가지고 있다고 해서가 아니라 그가 영혼을 가지고 있기 때문에, 그리고 동정과 희생과 인내를 할 수 있는 정신을 가지고 있기 때문에 실로 거룩하다'고 말할 수 있다.

정의를 위하여 개인의 안락을 버리고 형극의 길을 걷기도 하며 남의 목숨을 구하기 위하여 자기의 생명을 버리기도 하는 것이 인간이지 않은가.

그러나 오늘을 사는 현대인들의 가슴은 아스팔트로 포장되어 있지 않나 싶은 생각이 들 정도로 비정하다.

근래에 들어 도심에서는 가로수 대체 작업을 심심찮게 벌이곤 한다. 한때 그 속성 자람과 줄기의 휘는 멋으로 해서 가로수가 되었던 능수버들이 봄철 그의 꽃가루가 인체에 해를 미친다고 하여 다른 나무로 바꿔 심어지고 있는 것이다.

나는 거기에 시비를 할 입장이 아니다. 그러나 내가 지난봄에 본 바로는 사람들이 너무도 '무자비하다'는 것이다. 식물들에게 새 힘이 막 솟구치는 3월. 실뿌리들까지도 모두 나서서 물을 빨아올려 쭈빗쭈빗 잎눈을 틔우려는 찰나에 다가온 전기 톱날. 그리하여 사지가 마구 잘려 버리고 몸통만이 뒹굴고 있는 길거리를 지나면서 나는 '사람은 자연한테 이렇게 무지막지하게 해도 되는가' 하고 수없이 반문해 보았다. '나무한테도 원귀가 있다면 이럴 때 생기는 것이지 않을까' 하고.

내 말은 그 나무들을 벌목하려고 하였을 때는 조금 생각해 본 후, 낙엽 지고 휴면기인 11월에 하는 것이 바람직하지 않으냐는 것이다. 우리는 풀이나 나무와 같은 미물과도 함께 살아가고 있는 터이므로 영향을 함께 나누어 가지게 되는 것이다. 하찮은 동물, 푸나무라고 무지하게 막 대하는 데서 우리 인간의 심성 또한 날로 벽돌화되어 가고 있지 않은가.

풀잎으로 돌아갈 일이다. 풀잎이 풀잎과 어우러져 초원을 이루듯이 사람이 사람과 어우러져 아름다움을 연출할 때 이 땅은 마침내 하늘을 부끄러워하지 않게 될 것이다.

# 나를 찾아갑니다

어쩌다 텔레비전 화면에 아름다운 바다나 산이 나타나면 나는 혼잣말을 하곤 한다.

'저건 우리 고향 바다 아냐?'

'저건 우리 고향 산 같은데?'

그러면 옆에 있던 집사람이나 아이들은 '와' 하고 실소를 터뜨리곤 한다. 절대 '우리 고향' 바다가, 산이 아니라는 것이다. 그들 말에 의하면 '우리 고향' 바다는 손바닥만 할 뿐이며 운치라곤 쥐뿔도 없는 황량한 갯벌이라는 것이다.

산도 그런 산은 우리나라 전국 어디에나 있다. 저건 우리나라에서 명산이라 꼽히는 무슨 산이니 하고 감히 견줄 생각을 하지 말라는 것이다.

그러나 나는 단호하게 아니라고 말한다. 우리 고향 바다와 우리 고향 산은 가히 절경이라 해도 절대 과함이 없다고 설명하곤 하나, 웃으면서 자리를 피하는 것은 식구들이다.

 이런 일은 비단 나만이 겪고 있는 것이 아닐 것이다. 도회지에서 태어난 사람과 가족을 이룬 한쪽 사람들은 누구나 겪고 있는 일일 것이다.

 사실 냉정히 사진만으로 보여진 것에 객관성을 부여하자면 '우리 고향'의 산과 바다에는 '아름다움'의 형용사가 과할는지 모른다. 그러나 여기에는 '나'가 있었다. '나'의 어린 발자국이 있었으며 '나'의 어린 목소리가 메아리로 깃들어 있었다. 그저 바라만 보아도 눈에 익어 편안해져 버리는 산과 바다처럼 아름다운 데가 어디 있으랴.

 '고향'이 거기에 있다는 것만으로 나는 때때로 위로를 받는다. 고향이 떠오를 때는 기쁠 때보다도 쓸쓸할 때이긴 하지만, 그러나 고향을 그리워하는 가슴에는 맑은 여울물이 흘러 내려오고 있지 않은가.

 나는 얼마 전에 한 통의 편지를 받았다. 발신인이 밝혀져 있지 않은 것이었는데 고향에 대해 이보다 더 진솔한 문장도 드물리라 생각되어 여기에 옮기기로 하였다.

 바람에 서늘 기운이 들어 새벽녘에 홑이불 속에서 옹송그리게 되니까 문득문득 고향이 떠오르곤 합니다.
 '아버지의 신경통이 심해질 철이 왔구나', '큰비가 왔는데 뒷골 참깨밭은 어떻게 되었을까' 등의 걱정과 함께.

저는 오늘 아침에도 일찍 잠이 깨었습니다. 어제는 잔업을 하느라고 밤 12시 반에 잠자리에 들었는데도 새벽녘에 찬바람이 느껴지자 다른 날과 마찬가지로 일찍 잠에서 깨었습니다.

저는 홑이불을 끌어다가 저만큼 떨어져서 자고 있는 영희의 등을 덮어 주었습니다. 그런데 영희가 느닷없이 내 홑이불 속으로 기어 들어오면서 "언니!" 하고 불렀습니다. 그러고는 아까 화장실에 가느라고 밖에 나가 보았더니 달이 너무 밝더라고 했습니다.

'달이 밝다'라는 이 한마디는 저의 가슴에 파장을 일으켰습니다. 그것은 추석이 다가오고 있다는 전갈이기 때문입니다.

영희는 저한테 물었습니다.

"언니, 정말 금년 추석에는 고향에 안 갈 거야?"

저는 대답하지 않고 창 너머로 보이는 건너편 공장의 굴뚝만 바라보고 있었습니다.

저는 이미 한 달 전부터 금년 추석에는 집에 가지 않겠노라고 말해 오던 터였습니다. 해마다 추석 때면 집에 가느라고 치르던 그 홍역 같은 고생을 올해는 하고 싶지 않았기 때문입니다. 그 어려운 차표 사기, 그것도 입석밖에 구할 수 없어 차에 오르면 판매원의 밀차는 왜 그리 자주 오고 가는지요? 나중에는 통로에 털썩 주저앉고 마는 그 북새통이 싫어 저는 이미 아버지의 약을 사고 엄마와 동생의 옷을 사서 소포로 부쳐 버렸던 것입니다.

식당에서고, 작업장에서고 화제는 온통 '추석 귀향'이었습니다. 고향을 떠나 보지 않은 사람들은 '왜 저 안달일까' 하고 이상히 생각하겠지요. 그러나 그것은 고향 멀리 떠나와 있는 우리의 외로움을 모르기 때문입니다. 고향을 생각하면 눈물부터 핑그레 도는걸요.

무작정 가는 게 아녜요. 가고 싶어 가는 거예요. 고향에 가면 정든 사람, 정든 집, 정든 산천, 정든 언덕, 정든 나무, 하다못해 고향의 길바닥에 굴러다니는 작은 돌멩이 하나에서도 위안을 받는걸요.

휴식 시간에 멍하니 앉아서 시들어 가는 파초를 내다보고 있는 저한테 검사과에서 일하는 숙희가 다가왔습니다.

"추석에 고향에 안 간다며?"

"……."

"차라리 편하겠다, 얘! 기숙사에서 맛있는 것이나 사다 놓고 먹으면서 텔레비전이나 보는 것이 세상 편해. 자고 싶은 잠 실컷 자면서 말이야."

저는 수다를 떠는 숙희한테 물어보았습니다.

"그럼 니도 안 가니?"

그러자 갑자기 숙희가 숙연해지며 말하는 것이었습니다.

"아냐, 난 가려고 해. 작년에 안 갔더니 막냇동생이 밤늦게까지 정거장에 나와서 기다렸다지 뭐니. 혹시나 하고 말이야."

순간 저는 껍질이 깨뜨려지는 것 같았습니다. 햇빛이 갑자기 찬란하게 느껴졌습니다. 저는 솟아오르는 눈물을 손등으로 눌렀습니다. '그래, 나도 가야겠다'고 마음먹었습니다. 제가 오지 않을 것을 알면서도 혹시나 하고 기다리고 있을 고향의 가족들한테 깜짝 놀라움을 주리라 생각하니 고향 가는 길이 천 리라도, 어떤 고생을 하더라도 오히려 즐거울 수 있을 것 같습니다.

정든 고향 땅의 기운을 쐬고 바람을 마셔서 충전되어 돌아오겠습니다. 안녕히 계십시오.

# 미물조차도 사랑스럽다

1

 류머티스 관절염으로 침상에 못 박혀서 15년째 살아오고 있다는 스무 살 처녀의 글을 읽었습니다.

 하루 내내 누워서 벽을 바라보며 캘린더 속에서 막연히 봄을 맞고 보내고, 여름을 맞고 보내고, 가을을 맞고 보내고, 겨울을 맞고 보낸다는 처녀.

 이제 또 봄이 와서 닫아 두었던 방문을 열어 본다고 하였습니다.

 울타리가에 피어난 노오란 개나리꽃, 텃밭 언덕에서 자기 나이보다 더 오래 서 있는 듯한 미루나무도 옅은 초록의 잎을 틔우고, 거기에서 정답게 우짖고 있는 두 마리의 까치를 보았다고 하였습니다.

 파랗게 풀물이 오른 방죽 길로 웃음을 날리며 달려가는 아이들도 보고 있노라고 하였습니다.

 이분은 독백하고 있었지요.

 "아, 나도 저렇게 달려 봤으면……" 하고.

그러니까 이분은 이 세상에 태어나서 한 번도 달려 본 기억이 없는 것입니다. 아니, 마음대로 어디 나들이 한 번도 제대로 한 적이 없을 것입니다.

그런데도 이분은 또박또박 적고 있었습니다.

"이 세상은 꼭 한 번 와볼 만한 아름다운 곳이고 인생은 또한 살아 볼 만한 가치가 있는 것이다."

2

긍정적으로 생각하면 긍정적으로 보이게 되는 것은 평범하나 틀림 없는 진실인 것 같습니다.

이 처녀 또한 작년 봄에는 괴로운 생각 속에 갇혀 있었다고 고백하고 있습니다.

자신의 처지가 한심스러워 한심스럽게 바라본 개나리꽃은 처연하기만 하였고 미루나무에서 우는 까치 소리 또한 머리를 쪼는 것 같아서 괴로웠다고 하였습니다.

나타나는 새싹들, 그리고 가벼운 옷차림으로 나들이를 가는 사람들, 피어나는 꽃들, 모두가 자기 혼자만 돌려 앉히고 랄라랄라 하는 것 같아서 그렇게 미울 수가 없었다고도 하였군요.

그러자 마당에 내려앉는 참새도 그녀의 방 앞만은 비켜 다니는 것 같았고 장독대 곁에 있어서 자기 방에서 일직선으로 바라보이는 앵

두 나무에는 진딧물만 무성하더라고 했습니다.

  그런데 어느 날 이분은 이해인 수녀님의 〈밭노래〉라는 동시를 읽고서 장마에 담장 무너지듯이 와그르르 무너지는 마음의 벽을 느꼈다고 하는군요.

  3
    밭은 해마다
    젖이 많은 엄마처럼
    아이들을 먹여 살립니다.

    배추 무 상추 쑥갓
    감자 호박 당근 오이
    수박 참외 토마토 옥수수

    아이들의 이름은 많기도 합니다.
    비 온 뒤
    밭에 나가니
    땅속을 몰래 빠져나온
    아기 홍당무가
    흙 묻은 얼굴로 웃고 있다가

나에게 들켜서
얼굴이 더 빨개졌습니다.

"나 좀 씻겨 줘" 하길래
방으로 데리고 왔더니
내 책상 위에 앉아
날마다 밭 이야기를 들려줍니다.

비 온 뒤
밭에 나가면
마음도 흙처럼 부드러워집니다.
흙 속에 꿈틀대는 굼벵이도
오늘은 정답게 느껴집니다.
〔중략〕

4

이 처녀는 특히 '흙 속에 꿈틀대는 굼벵이도 오늘은 정답게' 느껴진다는 대목에서 자신의 마음속 찬 겨울 벽에 사정없이 균열이 오더라고 했습니다. 물론 겨울 벽이 사라진 자리에서는 봄의 새싹이 올라왔겠지요.

그녀는 비로소 눈물을 펑펑 쏟으며 봄의 새싹, 곧 이 세상을 아름답게 바라보는 생각을 키우고 있노라고 하였습니다. 그리하여 몸에 스며 있는 병마가 마음에까지는 닿지 않게 하고 있다는 것이었습니다.

다시 찾아온 봄의 하루인 오늘을 그녀는 이렇게 묘사하고 있었습니다.

"비닐 장판의 촉감도 부드러워진 이 화창한 봄날, 스펀지 방석을 배에 깔고 누워 책을 읽다 말고 문득 눈을 들어 열린 방문 사이로 밖을 내다보니 파꽃이며 달려다니는 노오란 병아리며 자갈 위에 내리고 있는 햇살…… 아니, 두엄 더미를 기어가는 지렁이조차도 사랑스럽다."

## 창을 열라

　나는 무릎에 상흔이 많다. 지금은 엷어져서 확연히 드러나 있는 것은 서너 개밖에 되지 않지만 어렸을 적에는 어느 하루 빤한 날이 없는 무릎이었다.
　그것은 어린 날의 내가 좀 부잡스러웠던 것도 사실이지만 무엇보다도 길을 걸을 때 눈앞을 살피며 걷는 것이 아니라 먼 데를 보며 다닌 나의 시선 때문이었다. 오죽했으면 할머니로부터 '먼산바라기'라는 별명을 얻었을까.
　그 시절에는 머큐로크롬(우리는 그때 아까징끼라고 했다) 약 하나 있는 집도 드물었다. 지금도 잊히지 않는 일은 깨어져 피가 솟고 있는 무릎 상처에 흙을 뿌려서 지혈을 하곤 하던 기억이다. 햇볕이 쨍쨍 내리는 담 밑에 홀로 앉아서 빨간 피 번져 나오는 무릎에 솔솔 흙을 뿌리면 서늘한 기운조차도 느껴지는 것이었다.
　어린 날에는 그렇게 무릎을 깨면서까지 먼 데를 향하던 시선이었다. 먼 데. 거기를 아스라이 바라보면 동경이 뭉게구름처럼 솟고 보이는 것마다에 호기심과 감탄사가 그치지 않던 나날이었다.

그러나 지금은 코앞에만 머무는 나의 시선이다. 날개가 퇴화해 버린 타조 같은 삶에 머물고 있는 현실이랄까. 먼 데를 바라보던 날에는 먼 하늘과 수평선과 산봉우리가 보였는데 코앞을 살펴보는 지금에는 발부리 앞의 돌멩이와 잡초와 웅덩이나 보일 뿐이다.

비록 무릎이 깨지는 아픔이 있었으나 그 시절의 상흔마다에는 꿈덩이가 하나씩 얹혀 있었다. 바람네 동네를 아이 바람으로 가보았고 저녁노을로 크레용 색깔을 빌려 서산 위에 떠 있기도 하였다. 밤하늘의 별들과 우리끼리의 마음속 이야기를 나누었고 새벽 하현달이 되어 외딴 산지기 집 위에서 저물기도 하였다.

그러니까 나의 무릎 상흔들은 내 꿈의 궁궐이었던 것이다. 그러나 어른이 된 지금에는 그 흔적조차도 점점 바래어 가고 있다. 공룡 같은 현실만이 있을 뿐.

그러다 보니 언제부터인지 나의 눈은 그저 보이는 것만을 볼 뿐 새로움을 볼 줄 모른다. 저것은 전신주이고 저것은 가로수이고 이것은 풀이고 하는 것이나 가리는 카메라의 렌즈와 다를 것이 없는 무감각한 이 눈.

그러나 어렸을 적에는 소나기 한줄금만 지나가도 산빛의 다름을 알아보았었다. 풀물이 한 켜 더해진 것도, 덜어진 것도 가늠했었다.

심지어 눈물 한번 흘리고 나서 바라보아도 새롭게 보이던 풍경이었지 않은가. 하잘것없는 돌멩이까지도 외적을 향해 돌팔매질한 것이 아니었을까 하는 상상이 일기도 한.

나한테는 때때로 나의 구정물이 생겨 있는 정신을 헹궈 주는 스님 서너 분이 있다. 그중에 황선 스님은 나이가 어지간히 들었으면서도 아주 앳되어 보이는 분이시다.

나는 아직 박목월 시인의 시에 나오는 '구름 도는' 청노루의 맑은 눈을 본 적이 없는데, 사람 중에서는 아마도 황선 스님의 눈이 거기에 가장 가깝지 않을까 생각한다.

황선 스님이 조계산 자락의 송광사에 머물고 계실 때의 일이다. 한번은 두툼한 봉투가 배달되어 왔다. 열어 보니 '아무도 보아주지 않아도 저 홀로 피어난 들꽃 산꽃' 사진이 예순여섯 장이나 쏟아져 나왔다. 그리고 또 한 번은 불쑥 전화를 걸어 주셨다. 내 졸저 《그대 뒷모습》의 주문이었다.

그런데 스님이 "그럼 이따가 뵙지요" 하며 전화를 끊으려고 했다. 나는 일순 당황해 물었다. "스님, 서울에 와 계십니까?" 하고. 그러자 스님이 대답했다. "아닙니다. 이따가 기도 시에 뵙겠다는 말입니다."

그것은 충격이었다. 나는 그 충격의 여진을 쫓아서 그 주말에 송광사를 찾았다. 스님이 머물고 계시는 처소의 마당 한편에는 조약돌이 타원형으로 다문다문 놓여 있었다. 예사롭지 않아서 스님께 물으니

태내의 태아를 생각해 그렇게 해본 것이라고 했다. 봄에는 그 돌과 돌 사이에 채송화를 심었는데 여름에 보니 채송화가 꽃 띠를 이루어 참 신비해 보이더라는 말도 했다.

스님의 방은 꽤나 컸는데 텅 빈 채로 하얀 여백 세상이었다. 벽에는 어떠한 장식물도, 심지어 못 하나도 질러져 있지 않았다. 있는 것이라고는 윗목에 목침만 한 까만 받침대가 하나 놓여 있고 그 위 작은 오지 화병에 꽂혀 있는 하얀 국화꽃 한 송이뿐……. 그저 고요하기만 하였다.

하도 고요하니 문창살 창호지에 어린 햇살 속에서 일렁이는 것까지도 보이는 것이었다. 가만히 내다보니 그것은 마루 아래 토방 위에 올려져 있는 대야의 물그림자였다. 실체에서는 보이지 않는, 물 대야에서 오르는 엷은 김까지도 창호에 비치고 있는 것이었다.

스님도 나도 말이 없었다(여기에서 말을 꺼낸다면 그것은 곧 쓰레기일 것이라는 생각이었다). 오직 있는 소리라고는 바람이 어쩌다가 걸리고 있는 풍경 소리뿐.

문틈으로 비어져 들어온 햇살이 문턱을 간신히 넘어서 장판지에 살짝 걸치는 것을 보며 스님의 얼굴에 미소가 떠올랐다. 그것은 연민의 미소였던 것일까. 이내 스님은 미닫이를 살짝 열어 주었다. 그러자 햇살은 건너편 벽으로 통로를 이루었고 그 통로에서 나는 어렸을 적에 간혹 보던 미세한 분진들의 난무를 볼 수 있었다.

나는 벽에다 등을 기대고서 윗목의 국화꽃한테로 시선을 옮겼다. 스님이 호주머니에서 확대경을 꺼내 주었다. 확대경 너머의 꽃잎들은 장작개비만 했다. 거기에 스님은 물뿌리개로 엷은 물을 뿜어 주었다. 그러자, 보라, 확대경에 비친 저 왕구슬만 한 이슬방울들을.

스님이 차를 따르면서 비로소 한마디하였다.

"새롭지요?"

그렇다. 늘상 대하고 있는 것에서도 새로움은 찾을 수 있다. 문제는 묵힌 채로 살고 있는 우리들의 눈이다. 밖의 변화를 못 알아보는 눈은 없다. 변하지 않음에서도 변화를 알아채는 눈이 드문 것이다. 그러나 인류의 발달은 후자의 깨인 눈에 의한 사람들에 의해 이루어졌다는 사실이다.

그날 이후 나는 답답함이 느껴질 때면 나한테 이렇게 말하곤 한다.

"다시 한 번 눈을 떠보게."

# 오늘도 걷는다

　모임에 간혹 나가면 차를 가져왔느냐는 물음을 듣는다. 주차난 때문에 묻는 모양인데 나는 번번이 안 가져왔다는 대답을 한다. 그러면 아는 분들이 안 가져온 거냐, 못 가져온 거냐고 짓궂게 물을 때가 있다.

　나는 정확히 말하면 못 가져온 무면허자라고 솔직히 대답한다. 한때 아직까지 거기 사느냐는 말도 종종 들었다. 그런데 이젠 아직도 면허증을 따지 못했느냐는 말을 듣는다.

　나는 그저 웃고 지나고 마는데 여기에는 이런 사연이 있다. 벌써 20 몇 년이라는 세월이 흘렀나 보다. 군 시절이었으니까. 논산에서 신병 훈련을 마치고 밤중에 군용 열차를 타고 101보충대로 올라가 거기서 사흘을 묵고서 25사단으로 팔려(?) 갔는데 사단 보충대에서 군번 순서대로 잘려서 간 곳이 운전 교육대였다.

　군에서의 수송 군기는 알아준다고 하는데 신병을 교육시키는 운전 교육대의 기강은 일러 무엇 하랴.

들녘 가운데 외따로 떨어져 있는 막사와 연병장에는 늘 눈보라가 쳤었다.

지금도 잊히지 않는 일은 영하로 뚝 떨어진 기온 속에서 기간병들이 트럭을 냇물 속에다 집어넣어 놓고서 우리 교육병들한테 세차를 시키던 일이었다. 냇물 속에 걸레를 집어넣었다가 짜서 차를 한 두어 번 닦으면 벌써 딱딱하게 돌멩이처럼 얼어서 덜거덕덜거덕하는 소리를 내곤 했다. 그런데도 군대 속어로 무슨 통소를 불어도 세월은 간다고 차츰 시일이 흐르면서 우리들은 한 가지, 두 가지 운전 기술을 익혀 나갔다.

지금은 어떤지 모르지만 당시 우리들은 운전 실습 교육을 냇가 자갈밭에서 받았다. 차 한 대에 열 명씩 타고서 교대로 운전대를 잡았다. 그러다가 누군가가 차의 시동을 꺼뜨리면 단체 기합을 받았었다.

내 차례가 되었다. 나는 운전석에 앉아서 배운 대로 액셀러레이터를 밟아서 탄력을 얻은 다음 기어 변속을 하였다. 가운데서 2단으로, 다시 가운데에서 3단으로, 4단으로. 높은 데를 오를 때는 2단으로, 달려야겠다고 생각했을 때는 4단으로.

그날은 참 부드럽게도 잘되었다. 나는 4단을 넣고서 냇가를 마구 달렸다. 그런데 바로 앞에 빨래하는 여인이 나타나는가 했더니 순식

간에 유리창 가득히 덮쳐 들었다. 나는 급히 브레이크를 밟는다고 밟았는데 액셀러레이터를 밟은 모양이었다. 차가 멈추기는커녕 앞으로 돌진을 했다.

이때 옆에 앉은 조교가 팔꿈치로 나를 치고서 운전대를 빼앗았다. 차는 이내 멈췄으나 나는 운전석을 내려설 수가 없었다. 먼저 뛰어내린 조교가 "죄송합니다"라고 하는 말을 듣고서야 내려가 보았다. 빨래를 주무르다 말고 뒤로 넘어진 여인이 일어나면서 뭐라고 욕을 해대었는데 내 귀에는 그 욕 소리가 하나도 들리지 않았다. 다만 빨고 있던 하얀 빨랫감 위에 선명히 나 있는 자동차 바퀴 자국만이 자꾸 아른대었다.

그날 나 때문에 무릎이 까지도록 자동차 밑을 기는 동기들을 보면서 나는 거듭거듭 다짐했다. 절대, 어떠한 경우든 운전대는 잡지 않겠노라고. 나는 후일 그 무서운 조교들의 주먹질, 발길질 세례를 받으면서도 끝내 내 결심을 지켜서, 운전 교육대의 명예로운(?) 퇴교자가 되었다.

그 후, 오늘에 이르기까지 나는 절대 운전석에는 앉지 않았다. 대신 집사람이 운전면허를 따서 차를 끌고 다니는데, 부부인데도 자동차 열쇠 가진 사람과 없는 사람의 격차가 점차 벌어졌다. 처음에는 어디 갈 데가 없느냐고 물어서까지 나서더니만 차츰 내 가고 싶은 곳에는 이유가 생겨나곤 하였다.

언젠가는 잠을 자고 있는데 전화벨이 울렸다. 받아 보니 화곡동의 친구였다. 지금 목동 이가네 집에서 2차를 하고 있으니 오지 않겠느냐는 술초대였다. "자정이 넘었는데……" 하고 난색을 표하자 아예 출근 준비를 갖춰 오라고 성화였다. 나는 자고 있는 집사람을 깨워서 이가네 집에 무슨 일 있는 모양이라고 둘러대어 물김치를 단지째 들고 가서 술자리에 합류했다.

이때 속은 집사람은 또 한 번 그런 일이 있자 절대 가지 못하겠다고 버텼다. 이튿날 아침, 속이 상한 나는 출근길 승차를 거부했다. 너 그 아버지 통비단 장수처럼 또 삐쳤다는 말을 씹으며 전철역을 향해 걷고 있자니 부아가 치밀어 올라왔다. '더럽다, 퉤퉤. 다시 네 차를 타나 봐라.'

그러나 이내 혼자서 웃을 일이 생겼다. 형제인 듯한 초등학생 둘이 지나면서 이런 말 하는 것을 들었던 것이다.

"기다려. 내가 나중에 대통령이 돼서 말이야, 사정을 해서 선생님이 없는 학교를 만들 테니깐."

전철을 타고 출근을 해보니 시간도 자그마치 반 시간이나 단축되었다. 나는 이날 밤 집사람한테 선언했다. 이제 아침저녁 출퇴근 모두 걸어다니고, 전철로 하겠노라, 시간도 단축될뿐더러 여러 사람들을 만나고, 보고 들으니 얻는 게 많다, 대강 이런 내용이었다.

실제로 많은 사람 속에 묻혀서 다니니 웃을 일도 생기고 불쾌한 일도 생긴다. 그러나 바로 이런 것이 사람 살아가는 세상살이 아니겠는가.

언젠가 한번은 퇴근 시간에 미어터질 것 같은 전철을 탄 적이 있었다. 모두들 밀리면서 '아이고, 아이고!' 비명을 지르고 있는데 한 분이 "아이구메, 우리 미역 다 뽀스라져 버리겠네" 하고 말했다.

옆 사람이 "아, 이렇게 사람이 많아서 죽겠는데 또 애기 낳은 모양이구려" 하고 불평했다. 그러자 이 사람이 벙글거리며 "그래도 아들 낳아 놓으니 좋습니다"라고 대꾸했다. 그 순간 만원의 고통을 잊고 모두가 웃었는데 나도 그중의 하나였다.

각기 다른 얼굴, 각기 다른 삶. 그러나 한 차에 타고 내리는 사람들. 어떤 날은 차창에 비친 내 얼굴을 보고서 고개를 갸우뚱거리기도 하고, 어떤 날은 포옹인지 몸을 비비고 있는 것인지도 구별되지 않는 젊은 남녀를 보고서 내가 도리어 부끄러워하기도 한다.

어느덧 전철역으로 가는 길에 만나는 구두 수선 아저씨와도 목례를 나누고 지하도 입구에 있는 노점 꽃행상 아주머니와도 눈인사를 나누는 사이가 되었다.

어떤 날은 앞서 걷는 아가씨가 내가 쫓는 줄 알고 걸음을 빨리하면 '나 그런 사람 아니야' 하고 혼자 중얼거리며 걸음을 늦추기도 한다.

한 가지 고통스러운 것은 내 얼굴을 알아보는 독자를 만났을 때인데, 그러나 어떠랴, 나는 이미 그들의 이웃이 되고자 해서 글을 발표

하고 있지 않은가. 나는 오늘도 걷고, 전철을 타고, 내일도 걷고, 전철을 탈 것이다.

그것은 나의 살아 있는 모습이기도 하다.

# 꿈을 잃은 벗들

30여 년 만에 초등학교 동창 모임에 나갔다. 고향에 살고 있는 사람들은 몇 년 전부터 모이고 있었다고 하는데 나는 떨어져 살고 있는 관계로 처음 참석하게 되었다.

우선 중간 대기 장소인 읍내 친구의 작은 사무실에 들어서자 '아' 탄성이 절로 나왔다. 이름 따로, 얼굴 따로 떨어져 있던 기억이 비로소 복원되는 순간이기도 했다. 어느새 주름살이 생기고 있는 얼굴에서 미소만이 옛 그대로 변하지 않고 있는 동무들.

그 가운데는 지금도 내 왼 손등에 상흔이 남아 있게 한 개구쟁이도 있었고, '동무 동무 씨동무 보리가 나도록 씨동무' 하며 어깨동무하고서 죽자 살자 같이 쏘다닌 동창생도 있었다.

일부는 벌써 모임을 갖기로 한 산장에 가서 기다리고 있노라고 했다. 그 흔한 차들은 고향도 예외가 아니어서 저마다의 운전으로 금방 산장에 가 닿았다.

먼저 간 친구들은 벌써 판을 벌이고 있었다. 지금 우리나라 어디서고 어른 셋만 모이면 한다는 그 고스톱 화투 판이었다.

누군가가 손을 뒤로 내밀며 말했다.

"야, 이거 얼마 만이야, 잠깐, 이 판 점수 좀 올려놓고 이야기하자."

그 손을 놓자, 역시 얼굴이 보이지 않는 손으로부터 술잔이 건네지는가 했더니 "야, 피 두 장씩 내놔" 하면서 황급히 돌아갔다.

이내 상이 들어와서 담요는 밀쳐졌으나 식사 중에도 고스톱 판의 아쉬운 후담에 한동안 침이 튀었다. 이젠 회의를 한다고 했으나 늘상 어느 모임에서고 있게 마련인 술이 좀 지나쳐 버린 친구의 시시비비에 어느새 해는 기울고…….

이런 모임 풍경이 내가 속한 동창회 풍경만은 아닐 것이다. 오늘을 살고 있는 이 땅의 중년이면 이와 비슷한 경험은 누구한테나 있을 것이다. 다른 점이 있다면 그 모임의 사람들 성향에 따라 정치나 문화, 혹은 주식이나 승용차를 화제로 삼는다는 것일 뿐.

우리 사회에 있는 이렇듯 작은 모임에서 생산적이지 못하고 허비해 버리는 시간이 많다는 것은 개개인이 심각히 생각해 보아야 할 문제이다.

상호 간에 앎이 교환되고, 생활이 충전되고, 아름다움이 전파되는 만남은 불가능한 것일까.

일본의 한 여류 소설가가 자기가 속한 '달맞이 모임'에 대해 짧게 설명한 글을 읽은 적이 있다. 달을 좋아하는 친지들이, 음력으로 매월 보름날 저녁에 교외로 나가 달빛 속에 차를 마시면서, 어려운 역경에 처한 사람들에게 어떻게 희망을 파종할 수 있을까 하는 점을 생각하는 것이었다.
　파블로 카잘스라는 첼로 연주가의 구술 자서전을 보면 이런 모임이 소개되어 있다. 카프카스 지방에 가면 백 살이 넘은 나이의 단원들로 구성된 오케스트라가 있는데 이들은 대부분 농사를 짓는 노인들이라는 것. 이 백 살이 넘은 노인들이 들녘에 나가 농사일을 하는 틈틈이 모여 연습해서 정기 연주회를 갖는다니, 얼마나 멋진 모임인가.
　그러나 이 땅에서의 나의 초등학교 동창회 제2부는 이랬다. 모처럼 친구들이 모였으니 그냥 헤어질 수 없지 않느냐며 자리를 옮겨 또 술. 그다음 3차에는 기가 막힌(?) 쇼장으로 가자 했으며…….
　지치고 피곤해져서 옆얼굴들을 바라보던 내 눈에 문득 홍안의 소년 모습들이 오버랩 되었다.

　장래의 희망 발표를 한 적이 있었지. 그때 의원을, 법관을, 경제인을, 과학자를, 농장주를 하겠다고들 했었지. 그 푸른 꿈을 놓치지 말고 열심히들 살라고 선생님 또한 간곡히 부추겨 주었었지.

그런데 그날의 그 꿈은 어디로 사라져 버렸는가. 그저 일상에 매여 술에 절고 고스톱에 치이고, 그리고 깨고 나면 허무하기 그지없는 향락에 이끌리어 가는 나의 얼굴들.

우리 모임의 훼방꾼은, 그리고 내 삶의 훼방꾼은 다른 누구도 아니다. 꿈을 놓아 버리고 몸이 좋아하는 안일에 젖어 살아가는 내 안의 저 악령인 것을 이번 기회에 다시 한 번 확인한 셈이었다.

# 자유에의 길

신부님, 산에 올랐습니다. 오늘은 여느 날과는 달리 남들이 산에서 내려오는 오후 3시쯤 터벅터벅 혼자 올라갔습니다.

산도 이젠 어지간하면 저잣거리와 다름없이 북적거립니다. 그래서 저는 늦어도 일요일 아침 7시에는 산으로 올라가곤 하였습니다. 그리하여 햇살이 산봉우리로부터 서서히 번져 내리는 걸음과 맞추어서 내려오곤 하였지요. 그러니까 다른 분들은 머리 위에 햇살을 얹고서 올라가는 반면에 저는 발뒤꿈치에 그것을 매달고서 내려온 셈이지요.

그런데 오늘은 아침 그 시간에 진눈깨비가 뿌렸습니다. 정월에 내리는 진눈깨비. 저 같은 촌놈에게 그 상황은 앉도 서도 못하게 하는 '고독'이 있습니다. 생각해 보십시오. 진눈깨비 내리는 정월의 고향 풍경을. 고샅에는 개조차도 비치지 않고, 안산 바람 소리만이 정미소 앞 공터를 훑고 지납니다. 참, 부스러지고 남은 낙엽 몇 낱이 지푸라기 몇과 함께 해초 고랑으로 쓸려 들고 있을지도 모르겠습니다. 그것을 덮고자 반쯤 비로, 반쯤 눈으로 내리는 저 가난한 진눈깨비 앞에서 신부님, 저 같은 약한 인간은 덜 여문 박을 타서 삶은 것처럼 오그라드는 것입니다.

1980년 초에 조계종의 이성철 종정을 만난 적이 있습니다. 그때 카메라를 맞추면서 "스님의 어디를 찍어야 마음이 나타나는지요?" 하고 물었습니다. 그러자 이 종정 스님은 "내 마음은 우주 전체에 퍼져 있으니 아무 데나 찍어도 다 나타난다"고 하신 대답이 떠오릅니다. 그렇다면 오늘 진눈깨비 오는 날씨조차도 '내 마음' 아니겠습니까. 오그라진 바가지 모양의.

다행히 오후가 되면서 날이 개어서 산으로 올라왔는데 바위에 걸터앉아 이런 생각, 저런 생각에 잠시 젖어 있었더니 어느덧 저녁 어스름이 내리는 것이었습니다. 먼 데 인가에 불이 들어오기 시작하고 밤안개 또한 골짜기를 메워 오고 있습니다.

문득 시골 본당에 계시던 신부님을 찾아다니던 날들이 생각납니다. 꼭 그렇게 맞추어서 간 것은 아니었습니다. 그런데 사제관에 찾아가서 초인종을 누를 때 보면 번번이 이 무렵이곤 하였습니다. 앞치마를 두르고 도마질을 하고 계시거나, 찌개의 간을 보고 계시거나, 밥을 푸고 계시거나.

"우리 몸님 같은 양반 구세가 어디 있겠어요? 편하게 받들어 주면

줄수록 더욱 편하려 든단 말이에요."

신부님의 자취의 변입니다만 어디 이런 양반 구세가 몸에 한정된 것이겠습니까. 우리들 영혼도 그렇겠지요. 맑히면 맑힐수록 끝없이 맑아져 갈 터이고, 추하게 간수하면 간수할수록 끝없이 추해져 갈 터이고.

아무튼 저는 신부님의 그 우수가 끼어들 수 없는 일상을 존경합니다. 명절 같은 날에 얼마나 고적할까 싶어 가보면 신부님은 이미 사제관에 계시지 않았었지요. 더 외로운 분들을 찾아가신 당신.

아니, 때로는 외롭지 않으려 기를 쓰는 현대인들에 대해 '외로워 보라'고 권하시기도 하지요. 한밤에 전등 대신 촛불을 켜고 홀로 깨어 있어 보라고. 정말이지 지금은 '홀로 있기'가 어려운 세상입니다. 자유에의 길이 아니라 매임의 길로 스스로 들어서는 현대인들인 것입니다.

여기에 바로 지식인의 함정도 있습니다. 자유에로의 지향이 아닐 때 몸이 따르지 않는 지식인의 저장을 위한 저장이란 차라리 있지 않음만도 못한 것이 아닙니까.

신부님, 저는 티베트의 한 스님 설법을 읽은 적이 있습니다. 내용인즉 "온 세계를 쇠가죽으로 덮는다면 우리는 신발 없이 맨발로 걸어다닐 수 있을 것이다. 그러나 그것은 불가능한 일. 하지만 우리가 6촌의 발에 쇠가죽 신발을 신는다면 그것은 온 세계를 가죽으로 덮는 것과 같은 일이다"라는 것입니다. 이에 덧붙여 설명하기를 "온 세계를 자기 뜻에 맞는 이상향으로 만드는 것은 불가능한 일이다. 그러나 우리가 보리심(菩提心)을 일으키고 인욕(忍辱)의 신발을 신는다면 온 세계는 곧 자기 마음에 맞는 이상향이 될 것이다"라고 했습니다.

수피교인 바야싯이라는 사람도 이런 체험담을 털어놓은 적이 있지요.

"젊은 시절에 나는 혁명가였고 하느님께 드리는 나의 기도는 이것이 모두였다. '주여, 나에게 세상을 개혁할 힘을 주소서.' 중년에 이르러 단 한 사람의 영혼도 고쳐 놓지 못한 채 내 반생이 흘렀음을 깨닫자 내 기도는 이렇게 달라졌다. '주여, 나와 접촉하게 되는 모든 사람들을 변화시킬 은총을 주소서. 그저 가족과 친지들만 개심시켜도 만족하겠나이다.' 이제 노인이 되어 죽을 날도 오늘내일하게 되니 이제야 내가 얼마나 어리석었던가를 알았다. 이제 나의 유일한 기도는 이것이다. '주여, 나 자신을 고칠 은총을 주소서.' 처음부터 이렇게 빌었던들 일생을 허비하지 않았으련만."

저도 이분들의 깊은 속마음을 이제야 읽을 수 있을 것 같습니다. 천지개벽을 시키듯이 이 세상을 갈아엎을 수 있다면 그거야말로 얼마나 큰 성취이겠습니까. 쇠가죽으로 온 세계를 다 덮어놓고 맨발로 다니면 구두를 신은 것이나 다름없겠습니다마는 그 일을 어느 누가 한 적이 있습니까. 어떤 영웅호걸도 이루지 못할 꿈입니다.

그러나 보통 사람 어느 누구도 마음은 바꿀 수 있습니다. 자기 발에 쇠가죽 신발을 신기면 이 지상을 쇠가죽으로 덮은 셈이 됩니다. 마찬가지로 '나' 하나의 마음을 바꾸고 눈을 바꾸면 변화된 세상을 지닐 수 있는 것입니다. 그런데 '나' 하나 바꾸는 데 바야싯이라는 성인도 평생이 걸리고 있습니다. 하물며 무슨 일에건 '너'만을 탓하는 우리에게 있어서랴.

신부님, 선(善)이 잿불처럼 줄어 가는 듯한 현실 속의 평범한 오늘 우리에게는 정말이지 우리와 함께 있는 약함 속의 강한 사제(司祭)가 그립습니다. 우리와 함께 이 세속의 매연에 때로는 그을리기도 하나, 그러나 결국은 겉보다 내용을 중시하고 양보다 질을 내세우며 우리들의 우매함에 가만히 눈물을 글썽이는 분. 때때로 '하마터면' 하면서 가슴을 쓸어내리시는 분. 혼자만 청정 수역으로 피해 가 있는 것이 아니라 이 도회 속에 나와 흙탕물 위에서 꽃을 피운 연처럼 맑은 삶의 나중을 가름한다는 분이 저 같은 약한 인간에게는 필요합니다.

저는 한 처녀의 말 한마디에 감동을 받아서 이런 글을 쓴 적이 있습니다.

결혼하고자 해서 찾아오는 신랑 신부 될 분들께 물어보는 말이 있습니다. "당신은 왜 저 사람과 결혼하고자 합니까?" 그러면 열에 여섯은 앵무새처럼 말합니다.

"사랑하니까요." 그리고 넷에 셋은 이렇게 말합니다. "선을 봤는데 마음에 들었습니다." 나머지 한 사람은 좀 특수한 사정을 털어놓기도 합니다.

"어쩌다 보니 결혼하지 않으면 안 될 사정이 생겼습니다."

"중매하신 분이 믿을 만해요."

"경제력이 있고 직장도 그만하면 좋아요."

그런데 오늘 이 자리에 선 신부께서는 좀처럼 듣기 어려운 대답을 해주었습니다.

"저분을 사귀어 보니 참으로 속되지 않습니다. 가난하게 살더라도 저분과 산다면 보람된 생을 살 수 있으리라 믿습니다. 저는 저분을 본받고 맑은 삶을 도우며 살고 싶어 결혼하기로 하였습니다."

이것은 이미 지면에 발표한 〈어떤 주례사〉라는 저의 졸문입니다만 여기에 옮겨 본 것은 사람 간의 사귐도 이래야 하지 않을까 하는 바람이 있기 때문입니다. 명예가 높으니까, 이해관계가 있으니까, 심지어 장사를 해야 하니까 찾아가고 찾아오는 세태이거든요. 이런 관계가 무너졌을 때 저렇듯 무정히 돌아서는 뒷모습을 보십시오. 개들도 이렇지는 않습니다.

신부님.

혼이 떠나가서 썩지 않는 몸이 어디 있습니까? 그런데 오늘에 와서는 몸 모시기를 하느님 받들듯 하고, 영혼 알기를 옛 양반이 하인 보듯 천시하는 현대인들입니다. 손톱 밑에 가시 티끌 하나만 박혀도 내내 징징거리지만 혼 한쪽이 썩어 가도 아픔을 아예 느끼지도 못하는.

  올해는 무엇이 주인인지, 그리고 버려야 할 것이 무엇인지 우리 이웃에게 그것만이라도 바르게 알게 해주시기를 바라면서 이 글을 맺습니다. 내내 영육 간에 건강하시기를 기도 올리면서.

# 엽서 여덟 장

\*

　'이 세상의 가장 평범한 하루는 천국의 하루와 같다.'
　우리는 일상(日常)에서 비범한 일이 생기기를 날마다 고대하며 살아가고 있습니다. 행운을 실은 전화가 와준다든지, 뜻밖의 보너스가 나온다든지, 복권이 들어맞는다든지.
　그러나 이와 반대로 우리는 얼마나 재수 없는 나날을 보내고 있습니까. 밤중에 걸려 오는 친지의 사고 전화, 눈물이 날 뻔한 꾸중, 이번에도 떨어진 추첨.
　그렇습니다. 평범한 하루인 것만으로도 얼마나 감사한 일인지요.

\*

　면 소재지에서 첫차를 탔습니다.
　한두 마리 개들이 어슬렁거리고 다닐 뿐, 가로등의 불빛은 호박꽃처럼 노오랗게 야위어 가고, 창문들은 아직 먹지 같은 표정으로 닫혀 있었습니다.

추위를 타고 있는 새벽 별들을 보았습니다. 간밤에 누가 차멀미를 하였는지, 술이 과하였던지 한쪽 귀퉁이에 토한 것이 그대로 있는 면소재지 차부.

학생 하나가 눈을 비비며 들어왔습니다. 하품을 크게 하며 차표 파는 이가 손님보다도 늦게 나타났습니다. 그러나 첫차는 정확히 제시간에 도착하고 제시간에 출발하였습니다.

달리는 차창에 바깥 풍경이 잉크물 판화처럼 들어옵니다. 산까치가 날고 있는 잔솔밭. 두엄 바지게를 지고 사립문을 나서고 있는 농부. 굴뚝마다에 오르는 저 조용한 연기들…….

\*

월터 트로비시 목사님의 말씀 중 한 부분을 옮겨 드립니다.

"연인들은 대개 합치되는 예가 있다. 그것은, 결혼하기 전에는 서로가 저 사람을 위하여 내가 무엇을 할 것인가, 이렇게 생각한다. 그러나 결혼을 하고 나선 저 사람이 나한테 무엇을 해주겠지, 이렇게 바라는 바람에 두 사람 사이의 사랑에 균열이 온다."

\*

새벽에 쇠죽을 끓이면서, 낮에 냉이를 캐러 갔다가 볕 따사로운 밭

언덕에 앉아서, 저녁에 군불을 넣으면서 한쪽 손에 드신 《숨쉬는 돌》처럼 행복한 책은 아마 또 없을는지 모르지요.

지적하신 대로 세상은 점점 강한 것들로 덮이고 있습니다. 핵과 물질 만능, 그리고 저 하늘을 날아다니는 해괴한 소리들과 사진들. 그것들이 인간들의 안테나를 통해 때기름처럼 덤벼드는 오늘, 우리들의 현실이지요.

그러나 저는 물이 얼면서 육중한 절구통을 깨뜨리던 것을 본 적이 있습니다. 담양에선 죽순이 아스팔트를 뚫고 올라왔다는 보도도 본 적이 있구요. 또 선한 한 사람을 해하려고 악의 여럿이 동원되는 것을 종종 보아 오고 있는 터입니다.

이 세상에는 아직 하느님이 보시고 진노하실 것보다도 보시기에 좋은 것이 더 많다고 저는 생각하고 있습니다. 도스토예프스키도 이렇게 말했어요.

"아름다움이 이 세상을 구원한다."

\*

호세 카레라스를 아시는지요?

스페인 출신의 세계적인 테너 가수인데 이 사람한테 백혈병이라는 병마가 덮쳐든 것은 1987년 6월의 일이라고 합니다. 이 사람의 투병은 이 순간부터 시작됩니다. 견뎌 내기 어려운 화학 치료와 골수 이

식 수술.

가장 힘든 방사선 치료를 받으면서는 시간을 재기 위해 노래를 불렀다고 합니다.

그가 마침내 건강을 회복, 무대 위에 다시 서자 관객들은 그가 노래를 시작하기도 전에 모두 일어나서 열렬한 박수갈채를 보냈습니다. 최근 런던의 왕립 오페라 극장에서는 이 가수에게 30분간이나 환호를 보냈으며 무대 위로 던져진 꽃다발에 발목이 잠길 정도였다 합니다.

이 호세 카레라스의 말을 외신은 이렇게 보도하고 있습니다.

"내가 이전에 중요하다고 생각했던 것들은 이제 하나도 중요하지 않다. 돈과 명예 모두. 전에는 도시에서 도시로, 극장에서 극장으로 옮겨 다니는 일이 행복하다고 생각하였다. 그러나 이젠 내가 얼마나 많은 것을 그런 생활 속에서 잃어버렸는지를 깨달았다."

이에 따라 이 가수는 요즘 노래하는 시간을 줄이고 대신 자녀들과 더 많은 시간을 보내고 있다 합니다. 작년 1년 동안에 가진 콘서트 열두 번 중 여덟 번은 백혈병 환자들의 치료 기금을 마련하기 위한 것이었다 하구요.

돈을 위해, 직위를 위해 온몸을 던지다시피 살고 있는 우리들 또한 보다 중요한 것이 무엇인지를 생각해 보게 하는 예화가 아닌지요?

\*

책을 한 권 소개합니다.

일본 작가 소노 아야코와 교황청의 시리에다 마사유키 신부 간의 편지 묶음집인 《우리 헤어지는 날까지》입니다.

저는 이 책을 수원에서 서울로 통근할 때 전철 속에서 주로 보았습니다.

감동 깊은 대목이 나올 때면 차창 밖으로 시선을 던져 놓곤 했는데 그럴 때면 가을날의 빈 들녘이며 채소밭에 하얗게 내려 있는 서리며, 언덕배기의 들국화와 억새, 그리고 미루나무 위의 까치집까지도 저한테 어떤 의미가 와 닿게 보이곤 하였습니다.

이 책의 한 대목을 적어 봅니다.

"〈무방비 도시〉라는 영화의 라스트 신에 레지스탕스 청년을 감추어 주었다고 하여 한 신부가 총살형에 처해지는 장면이 나옵니다. 같이 있던 젊은 사제가 '신부님, 훌륭하게 죽어 주십시오' 하고 말하자 신부는 빙그레 웃으면서 대답합니다. '훌륭하게 사는 것에 비하면 훌륭하게 죽는다는 것은 아무것도 아닌 일이지요.' 총성이 울리고 신부는 대지에 푹 쓰러집니다. 신부를 아버지처럼 따랐던 아이들이 형장으로부터 저녁노을 진 외딴길로 돌아가고, 그들의 눈에는 눈물이 흘러넘치고 있습니다."

*

   장흥의 한적한 시골에 머물고 있습니다. 오후에는 나지막한 무덤이 하나 있는 뒷동산 위로 올라가서 고요한 이 마을을 내려다보았습니다.
   두엄 더미 밑을 뒤지고 있는 닭들. 배추 밭에서 저희들끼리 장난질 치며 나뒹구는 개들.
   그것도 모르고 멍석 위의 목화나 손보고 있는 노인. 수건을 쓴 채 마룻가에 앉아서 아이한테 젖을 물리고 있는 여인.
   우체부가 빨간 자전거를 타고 당산나무 길을 돌아 들어오고 있습니다.

*

   저한테는 이런 크리스마스 카드가 있습니다.
   복스러운 아기가 풀숲 속에서 새근새근 잠들어 있지요. 그 아기 얼굴 곁에, 겨드랑 옆에, 허리 근처에 너도나도 끼어들어서 잠든 아기 호랑이, 아기 곰, 아기 늑대, 아기 돼지, 아기 양. 부엉이만이 나뭇가지 위에서 눈을 또록또록이 뜨고 지키고 있을 뿐, 아기 뱀조차도 다소곳이 잠들어 있는.
   아, 이 고요한 밤, 거룩한 밤…….

# 나의 기도

신이 이 세상에서 인간들과 함께 살았던 시절이 있었다고 합니다. 그러니까 인간들이 얼마나 좋았겠어요? 어려운 일이 생기면 간절히 청하기만 하면 해결이 되었으니까요(물론 이런 인간들이 신의 거처를 문턱이 닳도록 드나드는지라 이를 견디지 못한 신이 지상을 떠나고 마는 결과를 초래했다지만).

아무튼 이때, 하루는 호두 과수원 주인이 신을 찾아와 청탁하는 것이었습니다.

"저한테 한 번만 1년 날씨를 맡겨 주셨으면 합니다."

"왜 그러느냐?"

"이유는 묻지 마시고 딱 1년만 천지 일기 조화가 절 따르도록 해주십시오."

하도 간곡히 조르는지라 신은 호두 과수원 주인에게 1년 날씨를 내주고 말았습니다.

과연 1년 동안의 날씨는 호두 과수원 주인의 마음대로 되었습니다. 햇볕을 원하면 햇볕이 쨍쨍했고 비를 원하면 비가 내렸습니다.

덜 여문 호두를 떨어지게 하는 바람 또한 없었습니다. 천둥도 없었습니다. 모든 게 순조롭게 되어 갔습니다. 호두 과수원 주인은 그저 늘어지게 자기만 하면 되었습니다.

이윽고 가을이 왔습니다. 호두는 상상할 수 없을 만큼 대풍년이었습니다. 호두를 산더미처럼 수확하게 되었습니다. 호두 과수원 주인은 흡족하였습니다.

그는 호두를 맛보고자 하였습니다. 산더미처럼 쌓인 호두 중에서 하나를 집어 들어 깨뜨려 보았지요. 그러나 이게 웬일입니까. 알맹이가 하나도 없이 텅 비어 있는 것이었습니다. 호두 과수원 주인은 다른 호두도 깨뜨려 보았습니다. 그러나 안이 비어 있기는 마찬가지였습니다.

호두 과수원 주인은 신을 찾아가 이게 어찌 된 일이냐고 항의하였습니다. 그러자 신은 빙그레 미소를 띠고 이렇게 대답하는 것이었습니다.

"이봐, 도전이 없는 것에는 그렇게 알맹이가 들지 않는 법이다. 알맹이란 폭풍 같은 방해도 있고 가뭄 같은 갈등도 있어야 껍데기 속의 영혼이 깨어나 여무는 것이다."

이것은 마 데바 와두다라는 사람의 우화입니다.

그렇습니다. 이 한 해에도 우리는 '날마다 좋은 날만 주소서' 하고 기도합니다만 어디 신은 좋은 날만을 주시던가요?

바람 부는 날, 비 오는 날, 재수 없는 날, 슬픈 날을 함께 주시지 않던가요? 우리는 이런 고난이 껍데기 속의 영혼을 깨우는 배려임을 잊지 말아야겠습니다.

우리는 고난 없는 1년을 달라고 할 것이 아니라 고난을 이기고 살 수 있는 힘을 달라고 기도합니다.


복을 짓는다는 말이 있습니다. 1억 원짜리 복권이 맞아떨어지기를 소망하지만 그것은 수많은 모래 중의 한 알에 불과할 뿐 대개의 사람들은 원금 건지는 것으로 만족해야 합니다.

콩 심은 데 콩 나고 팥 심은 데 팥 난다는 말은 인류의 진리입니다. 심는 만큼 거두는 것이지요.

저는 우리들 팔자 또한 그렇다고 믿습니다. 자기 팔자 자기 하기 나름인 것입니다.

참새네 학교 이야기를 하지요.

참새네 학교가 있어요. 여기 참새네 교과목은 '날기', '훔쳐 먹고 도망가기', '허수아비 알아보기' 등이에요.

어느 날 수양 특강이 있다고 했어요. 참새들은 전선 위에 줄을 지어 앉았지요. 모셔 온 강사는 제비였습니다.

제비는 강의를 시작하였습니다. 강의 제목은 '재수 있는 새가 되려면……'이었습니다.

우리는 사람의 집 처마에다 둥지를 가지므로 거기서 배우는 것이 많습니다. 전에 우리가 살던 집에는 딸이 둘 있었습니다. 둘은 인물도 좋고, 머리도 좋고, 몸매도 좋았습니다. 성향만이 다를 뿐이었어요.
  언니가 전화를 걸 때 보면 기쁜 소식이 있을 때였어요. 시험 합격 소식, 당첨 소식, 아이 낳은 소식…….
  그러나 동생이 전화를 걸 때 보면 정반대였어요. 안 좋은 소식만 전하는 것이지요. 시험에 실패한 소식, 사업 망한 소식, 교통사고 난 소식…….
  나중에 보니 인생의 길도 그렇게 갈리던데요. 언니는 어디서고 반가이 맞아 주는 생수 같은 사람이 된 반면, 동생은 더러운 물처럼 사람들이 피해 가는 사람이 된 것입니다.
  이 세상에는 갖가지 소식이 널려 있지요. 기쁜 소식, 슬픈 소식, 유언비어, 험담, 덕담, 일일이 다 열거하기가 어렵습니다. 그런데 길조란 이러한 여러 소식 가운데서 기쁜 소식만 전하는 새입니다.
  누구나 길조가 될 수 있습니다. 길조가 되는 길은 지극히 간단한데 팔자에 타고난 것인 양 잘못 알고 있는 것이 문제입니다.

사실이 그렇지 않은가요? 까마귀는 공동묘지를 배회하며 우짖고 있어서 사람들의 저주를 받게 되었으며, 까치는 사람 사는 집 근처의 나무에 둥지를 틀고 살고 있으므로 길조로 호칭되게 된 것입니다.

내가 길조가 되느냐, 흉조가 되느냐는 나 하기에 달린 것입니다. 당신이 지금 전하려고 하는 그 소식이 기쁨에 해당되는 것인지, 가슴 철렁 내려앉게 하는 것인지를 확인해 보십시오.

만일 상대방의 가슴을 철렁 내려앉게 하는 것이라면 그것이 사실이더라도 수화기를 내려놓으십시오. 그 버릇이 후일 당신의 팔자를 그르치게 하는 것일 테니까요.

저는 이런 이야기를 기억합니다.

어느 때 혼자 똑똑한 사람이 살고 있었다는 것이지요. 남들이 하는 일은 하나같이 답답해 보이고 자기가 누구보다도 잘하는 것 같은데 남들이 알아주지 않아서 분통이 터지는 사람이었어요.

이 사람한테 머지않아서 잔치할 일이 생겼습니다. 그는 이번에야말로 그를 알아주지 않는 사람들에게 그의 진면목을 보여 주어야겠다고 별렀습니다.

이 사람은 생각하였습니다. 어느 잔치에고 가면 싱싱하지 않은 음식이 불만이던 것을.

그는 아랫사람을 불러 말하였습니다.

"잔치에 쓰려면 지금부터 소젖을 짜서 저장하여야겠지?"
"그렇습니다."
"그러다 보면 더러 오래되어서 상하는 소젖도 있으렷다?"
"그렇습니다."
이 사람은 자신 있게 지시하였습니다.
"그렇다면 내가 일러 주는 대로 하게."
"어떻게 말입니까?"
"소젖을 우리가 보관하는 것이 아니라 젖소의 뱃속에 저장해 두는 것일세."

아랫사람이 눈을 동그랗게 뜨고 무어라 말하려 하는 것을 그는 손을 들어 막았다.

"잔말 말고 내가 시키는 대로 하게. 이 집의 주인은 날세."
이 사람은 단호히 명령하였습니다.
"어미 젖소한테 달려 있는 송아지를 당장 떼어 놓게. 제 어미 뱃속에 우리가 저장하는 젖을 그 녀석이 축나게 할 것이 아닌가."

마침내 잔칫날이 왔습니다. 손님들이 모여들자 그는 정중히 인사말을 하였습니다.

"여러분, 이렇게 많이 와주셔서 고맙습니다. 여러분들은 이제 어느 잔치에서도 맛볼 수 없었던 기막힌 소젖을 잡수시게 될 것입니다."

이때였습니다. 아랫사람이 얼굴이 하얗게 되어 나타났습니다.

"큰일났습니다. 어미 소의 젖이 말라붙어서 한 방울도 나지 않습니다."

"뭐라고? 그게 정말이냐?"

아랫사람은 한숨을 내쉬며 대답하였습니다.

"젖소의 젖은 그때그때 짜야 합니다. 짜지 않으면 보관되는 것이 아니라 마르는 것이지요. 훗날 하겠다고 미루는 일이 잘되는 것 보셨습니까?"

당신도 이런 사람이 아니기를 바랍니다. 오늘의 일은 오늘 하는, 그리하여 당신의 올 한 해가 미루는 날이 하루도 없는 해이기를 이 아침에 기도드립니다.

# 4
# 꽃과 침묵

# 함께 바라보는 것들

"우리 마을은 저수지가 셋이나 있어서 못안 동네라고도 부릅니다. 전에는 미나리꽝이 많았다고 해요. 그러나 지금은 거의 전부가 벼농사를 짓습니다. 저는 우루과이 라운드라는 말만 들어도 가슴이 무너지려고 합니다. 아버지, 어머니께선 평생 농사만 지으면서 살았거든요. 농사 이외에는 아무것도 할 줄 모릅니다. 저쪽을 보세요. 저수지 위 산 능선이 보이시죠? 거기 이름은 황새밭입니다. 그 아래 고랑에서는 지금도 가재가 한 주먹씩이나 잡힙니다."

얼마 전 언양에를 갔을 때 안내하던 학생의 말이다. 그날 나는 모처럼 가재를 잡아 봐야겠다는 생각에 황새밭이라는 곳으로 가보자고 했다.

저수지로 가는 농로 양쪽에는 어디 한 점 빈 데 없이 온통 신록의 물결이다. 안병석의 그림 〈바람결〉 같은.

어쩌다 하얀 것이 보이곤 했는데 그것은 논 가운데 척 내려앉아서 목을 빼고 있는 백로였다. 저수지 방죽으로 먼저 올라간 학생이 손을 들어 가리키는 능선의 소나무는 마치 양산 같았다.

"잘생겼네."

탄성을 발하고 있는데 거기로 학이 두 마리 날아들고 있었다. 나의 느낌표 역시 머리에 수직으로 날아왔다.

"저기 이름이 왜 황새밭인지 알겠다."

학생이 고개를 갸우뚱했다.

"갈대가 꽉 차 있으면 갈대밭이라 하듯이 황새가 꽉 차 있었기 때문에 황새밭이라 했을 거야."

학생이 환하게 웃었다.

이때 나는 저만큼서 풀잎이 흔들리는가 했더니 뱀 한 마리가 빠르게 달려가는 것을 발견했다.

나는 무심결에 소리를 질렀다.

"저기 봐라."

학생이 눈을 크게 떴다. 나는 도망가는 뱀을 가리켰다. 학생이 짧은 비명 소리를 냈다. 그리고 얼마 동안 침묵이 흘렀다. 뒤에서 따라오던 학생이 비로소 입을 열었다.

"선생님한테 실망했습니다."

"뭐라구?"

"선생님한테 실망했다구요."

"왜?"

"왜 뱀을 같이 보자 했습니까?"

"누가 같이 보자구 했어. 뱀이 간다는 걸 알려 주었지."

"도망가는 뱀이었는데 선생님 혼자서만 알고 넘어갈 수는 없었는가요? 보기 좋은 것이 아닐 경우에는……."

나는 갑자기 부끄러워졌다.

"아버지께서 그러셨어요. 자기가 봐서 안 좋은 것을 남한테 전하지 말라구요. 안 좋은 것은 자기만으로 그치고 좋은 것은 멀리 퍼뜨리라고 하셨어요."

이것은 평범 속에서 발견한 비범한 진리이다. 우리는 자기가 봐서 안 좋은 것인데도 굳이 함께 보길 원한다. 쏟아 놓은 오물, 보기 흉한 것들을 '저 봐라'고 가리킨다. 그리하여 함께 속상해하고 함께 저주한다.

물론 거의가 그렇다고까지 말하기는 어렵다. 그러나 많은 사람들이 나처럼 그러한 것에 대한 신경은 못 미치고 있는 것만은 사실이다. 가능한 한 자기가 봐서 안 좋고 흉한 것은 그만 막아 버리는 것이 사람다운 사람의 도리이다.

'물귀신'이라는 말이 있다. 좋지 않은 것이 뻔한데도 함께 끌고 들어가서 고생하게 만드는 못된 '심보'를 일컫는 명사이다. '나만 이렇게 되어서야 되겠는가, 너도 나와 함께 이렇게 되자'는 이 망할 덫에 우리는 얼마나 많이 걸려들고 있는가 말이다.

'바늘 도둑이 소 도둑 된다'는 속담이 있다. 무엇이나 시작은 지극히 미세한 것이어도 나중에는 자신도 감당하기 어려운 위치가 된다. 지금은 하잘것없이 작은 것이라도 어떤 마음을 갖느냐에 따라서 엄청난 차이의 사람이 될 것이다.

그런 의미에서 오늘은 이것 한 가지만 명심하자. 아무리 작은 것이라도 추한 것은 나 하나로 막고 아름다운 것을 함께 바라보자.

# 미안한 시간

독일에서 5년 동안 공부하고 돌아온 신부님의 초대를 받았다. 그림을 그리기 때문에 사제의 방이라기보다는 다른 화가들의 방과 다름없이 물감 냄새가 짙게 밴 작업실에 들어서니 벽에 걸려 있는 기이한 시계가 눈에 들어왔다.

원형의 벽시계인데 우선 유리막이 없었다. 그리고 숫자 판이 하얀 물감으로 온통 발라져 있었고 그 위에 목으로 각인한 1, 2, 3이 12까지 간신히 나타나 있었다. 그런데 정작 있어야 할 시침과 분침이 없었다. 초침 저 혼자서 재깍재깍 쉬지 않고 돌고 있었다.

"거참 희한한 시계군요" 했더니 신부님의 대답이 재미있었다.

"창고에 버려져 있는 것을 꺼내 왔어요. 겉 뚜껑이 깨지고 시침도 분침도 없지만 내장은 멀쩡하더군요. 그래서 내 나름대로 분장을 시켜서 걸어 두고 있는데 많은 것을 생각하게 하는군요."

그 시계를 보고 생각하는 신부님의 '많은 것'을 나는 모른다. 그러나 그중 한 가지는 이런 것이 아닐까 하고 생각해 보았다.

곧 그 시계에는 못으로 낙서를 한 듯한 '잃어버리는 시간들'이라는 글이 있었는데, 옮겨 가는 것이 얼른 눈에 띄지 않는 시침과 분침이 없기 때문에 초침이 가는 것이 극명하여 우리가 잃어버리는 시간을 너무도 잘 보여 주고 있다는 것이다.

나는 누군가한테서 이런 말을 들은 적이 있다. 그것은 자기의 시간의 속도는 자신의 나이에 2를 곱하면 나온다는 것. 그러니까 스무 살인 사람은 20×2=40, 곧 시속 40킬로미터이나, 쉰 살은 50×2=100, 말하자면 시속 1백 킬로미터이니, 같은 시간이라도 엄청난 차이의 속도감이라 아니할 수 없다.

얼마 전 가까운 인척 가운데 한 분이 암으로 투병하고 있다는 소식을 들었다. 문병을 갔더니 그분은 이제 막 머리칼이 빠지고 있는 머리를 만지면서 "'난 참 바보처럼 살았군요'라는 유행가 가사가 나를 두고 한 말인 듯싶으네" 하고 쓸쓸히 웃었다.

그러나 그분이 얼마나 열심히 살았는지를 알고 있는 나로서는 고개를 저으며 강하게 부정했다.

"어떤 사람도 그만큼 사시기 어렵습니다. 발바닥에 박인 굳은살이 그걸 말하고 있습니다. 맨손으로 일어나서 회사를 일으키고, 자식들도 그만하면 잘 키우신 겁니다."

침묵하고 있던 그분이 다시 입을 열었다.

"나한테 너무 미안해……. 그 좋은 시간을 나한테만 너무 인색했어……."

이 한마디는 나한테 새로운 깨달음을 주었다. 사실 내 자신도 곰곰이 생각해 보면 내 안에보다도 바깥에 거의 모든 시간을 할애해 오고 있지 않은가 말이다. 그 숱한 바쁜 일들! 그것이 과연 나의 나를 위한 진정한 나의 시간이었던가?

영국의 수상을 지낸 어떤 사람이 임종 시에 남겼다는 고백록이 떠오른다.

"나한테는 두 가지 소원이 있었다. 그것은 우리나라의 수상이 되어 보는 것이었고, 또 하나는 바닷가에 오두막을 짓고 살아 보는 것이었다. 그러나 수상은 되었으나 바닷가에 오두막을 짓고 살아 보는 것만은 이루지 못하고 가게 되어 원통하다."

당신의 지금 이 시간은 어떤 시간인가?

# 다시 한 번 돌아보라

노사연이란 가수가 부른 〈만남〉이라는 가요가 있는데 가사에 이런 대목이 있다.

'돌아보지 마라. 후회하지 마라.'

이것은 아마도 사랑의 일직선상의 정렬을 말한 것이겠으나, 실제로는 뒤돌아보지 않아서 홍역 치르는 사람들도 있을 것이다. 뒤돌아보지 않으면 누군들 용기 없을 수 있겠는가. 뒤돌아봄으로써 차마 그러지 못하는 것이다.

특히 생활 면에서는 반드시 뒤돌아보는 습관을 지녀야 한다고 생각한다. 공중전화를 이용하고 나올 때, 택시를 타고 내릴 때, 커피숍 같은 곳에 앉아 있다가 일어날 때, 술을 한잔 하였을 때는 더욱 그렇다. 누구나 무엇인가를 잃어버린 경험이 한두 번씩은 꼭꼭 있을 것이다.

나는 좀 깜박하는 데가 있어서 그런지 뒤돌아보지 않아서 손해 본

일이 참 많다. 내가 장갑을 잘 끼려고 하지 않는 것도, 우산을 잘 들고 나서려고 하지 않는 것도 다 여기에 이유가 있다. 공중전화 부스 위에, 택시 안에, 음식점 탁자가에서 외짝이 되어 버린 장갑만도 숱찮은 것이다.

원고 봉투를 전철 시렁 위에 올려 둔 채 유유히 내려서 혼비백산한 적이 있으며, 지갑을 공중전화통 위에 제물처럼 모셔 둔 채 나온 적도 두세 번이나 된다.

장마철에 우산을 내리 세 개나 잃은 뒤 어느 날이었다. 좌석 버스를 탔는데 우산이 안중에서 벗어나기 좋은 날씨가 되었다. 뿌리던 비가 그치고 순식간에 햇살이 들어 버린 것이었다. 그때 나는 우산을 가지지 않았는데 옆 자리의 손님은 우산을 좌석 곁에 세워 둔 채 졸고 있었다.

이때 나한테 음흉한 생각이 들었다. 잘하면 우산 하나 챙길지 모른다는. 아니나 다를까, 졸던 분이 화들짝 깨어나면서 우산을 놓아둔 채 출구로 쫓아 나갔다. 나는 순간 가슴이 뛰었다. 그분을 불러야 되느냐 말아야 하느냐의 혼란이었다.

그런데 그 사람은 나 같지 않았다. 다행히도 뒤를 돌아본 것이다.

그렇다. 자리를 일어난 다음에는 뒤돌아보라. 당신의 소중한 것이 남겨져 있을지도 모른다. 문을 잠근 다음에도 뒤돌아보라. 마무리할 일이 남아 있을지 모른다. 옷을 입은 다음에도 한 번쯤 뒤돌아보라.

의외로 속깃이 흘러나와 있을지 모른다.
 그래서 나는 말하고자 한다.
 '뒤돌아보라. 그리하면 후회하지 않게 될 것이다.'

# 새해 아침에

오랜만에 펜을 잡았습니다. 신문과 방송에서는 새 아침의 해맞이로 야단법석이던데 지적해 주신 견해에 저도 동감입니다. '해 편에서 본다면 사람들 참 별나다고 할 것입니다. 어제도 뜨고 오늘도 뜨고 내일도 뜨는데 왜 하필이면 어느 아침에 이렇게들 몰려와서 난리를 피우는지 모르겠다'고. 그렇습니다. 묵은 인간들이 물러나고 새 인간 세상이 도래한 것도 아니고 사람마다 지니고 있었던 소망들이 일시에 이루어진 것도 아닌데 왜 이렇게들 떠드는지요?

대망의 새해 새 아침 해를 바라보면서 음모꾼들은 자신들의 검은 음모가 좀 더 은밀히 이루어질 것을 바랄 것이고, 도적들은 도적들대로 새 범죄 궁리를 할 것이고, 폭력 세력들 또한 새로운 야심으로 가슴 벅찰 것이 아닌가요? 우리가 정작 중요하게 생각해야 할 것은 새 아침의 해돋이를 어디에서 보았느냐가 아니라 묵은 허물을 벗고 새로워진 가슴에서 새해가 솟도록 해야 할 것입니다.

저는 이번 세밑에도 버려야 할 것들을 버리는 것으로 새해맞이를 준비하였습니다. 책꽂이에서는 책을 솎았고, 옷장에서는 옷을 솎았습니다. 사실 한번 크게 버린 것은 작년 12월이었습니다. 수술을 대기하고 있었을 때였는데 7일 동안 한시적 퇴원을 하였습니다. 그때 저는 정말 볏짚 한 묶음을 들 힘도 없었는데, 동생을 불러서 버려야 할 것들을 집 밖으로 들어내게 하였습니다.

1년 내내 한 번 제대로 꺼내 본 적이 없는 먼지가 쌓인 책들, 멀쩡해서 차마 버리기 아까워서 걸어 두고 있던 옷이며 넥타이들, 이불장에서 장식용인 듯싶은 이불과 요, 그리고 광 속에서 언젠가 쓸 데가 있겠지 싶은 대기성 잡동사니들. 아마 모르긴 해도 한 트럭분은 족히 되었을 그것들을 치우면서 제가 그동안 쓰레기통 관리인이었던 것을 실감할 수 있었습니다(하도 내가 '버려 버려' 하다 보니 잠꼬대까지 '버려 버려' 하더라며 딸아이가 실소를 하기도 했었지요).

저는 문득 수도자들의 수도복에 대해 새로운 의미를 깨달았습니다. 무엇을 입을까, 무엇을 먹을까, 망설이지 않는 삶이니까요. 시정의 우리들은 밖에 나가려면 옷장 문을 열고 무엇을 입을까 걱정하고 삼시 때가 되면 무엇을 먹을까 궁리하는 번거로움 느끼는 일이 있지 않습니까? (그러다 보니 옷을 가려 입혀 주는 '코디'라는 직업과 음식을 주문대로 해주는 '출장 요리사'까지 생겼을 정도입니다.) 그러나 수도자는 같은 옷 두 벌이면 됩니다. 한 벌은 입고 한 벌은 빨래하면 다인 것이지요. 먹는 것도 자기 입맛에 맞추어 먹는 것이 아니라 공동체의 음식에 따르면 되니 우리 같은 소인배들이 겪고 있는 번뇌가 줄어들 게 자명한 일이지요. 하지만 우리의 새 천 년에는 '무엇을 할까'의 선택적 사양이 살인적 기승을 부릴 것이 뻔합니다. 공중파 방송만 해도 1백 채널이 넘어갈 것이라고 하지 않습니까.

여기에 자존으로 버틸 지혜는 '단순' 뿐입니다. 적게 가지는 것, 단순하게 생각하는 것, 그리고 마음 간소하게 사는 것. 이것이야말로 새 세기에 우리가 추구해야 할 새 삶의 방향이라고 감히 말씀드릴 수가 있겠습니다.

새해에는 어떻게 살 것인지를 물어 주셨지요? 이것이 답이 될는지 모르겠습니다만, 저는 제 일상에서 장난거리를 좀 찾으며 살고자 합니다. 그동안 어른의 세계로 옮겨 오면서 동심처럼 아깝게 잃어버린 것이 많습니다만, 장난 또한 폐기 처분해 버렸었지요. 그런데 병원에 무료히 누워 있을 때 생각해 보니 장난이라는 것도 남에게 피해를 주지 않는 것이라면 삶에 윤활유 구실을 한다는 것을 알았습니다.

그래서 운동 나간다는 핑계를 대고 밖에 나가서 공중전화로 병실에 전화를 걸어 "거기 채송화봉선화 카펜가요? 손님 가운데 정리태 손님을 찾아봐 주세요"라고 해서 킬킬거리기도 했고 딸아이를 놀래 주려고 구두끈을 풀어서 지렁이처럼 늘어놓았다가 간호사가 기겁을 했던 일도 있습니다.

제가 존경하는 피천득 선생님이 미수(88세)였을 때라고 기억합니다. 화창한 봄날 아침이었는데 선생님으로부터 전화가 걸려 왔습니다. "정 선생, 나 지금 공항에 나왔어요." 불과 며칠 전 찾아뵈었을 때만 하더라도 전혀 해외여행 이야기가 없던 터라 저는 당황하며 물었지요. "선생님, 어디 가시려고요?" "독일에 좀 다녀오려고." "아니, 선생님 혼자 말입니까?" "그럼." 저는 황망히 곁에 있던 김 상무한테로 수화기를 넘겼지요. 그쪽도 놀라기는 마찬가지였습니다. 그 연세에 독일에 혼자서 가시겠다고 나오셨다니……. 안절부절못하고 있는데 갑자기 "네? 뭐라고요, 선생님?" 하고서는 김 상무의 호방한 웃음소리가 사무실을 뒤흔들었습니다. 수화기를 내려놓으며 김 상무가 말했습니다. "우리가 당했어요. 오늘이 만우절인 걸 몰라, 하시면서 깔깔 웃으시네요."

세상에, 저도 그때서야 만우절이 필요한 이유를 알 수 있을 것 같았습니다. 거짓말을 죽기보다 싫어하는 사람들을 위하여 남한테 해가 되지 않는 거짓말을 하루만 해보라고 한, 어른들 장난을 위한 날이라는 것을.

그렇습니다. 새해에는 그 알량한 체면 불고하고 가족끼리, 친구끼리 장난이라도 치면서 키들키들 웃으며 삽시다. 그것은 동심을 회복하는 처방전이 될 수 있기 때문에 이 기별에 포함시켰습니다. 장난꾸러기 어른이 되었다는 답신을 기다리며.

# 꽃과 침묵

아카시아 꽃향기가 길을 가는 이들에게 문득문득 다가오는 넉넉한 이 6월은 꽃보다도 찬란한 신록의 달이라고 말한 시인이 있지만, 그러나 어디 꽃에 당할 찬란함이 있을까.

헨리 데이비드 소로는 이런 어록을 남겼다. '꽃의 매력 가운데 하나는 그에게 있는 아름다운 침묵'이라고.

정말이지, 꽃은 저처럼 찬란해도 빙그레 미소만 짓고 있을 뿐 침묵하고 있는데 우리 사람들은 꽃 화장에는 한참이나 먼 치장 하나 가지고, 액세서리 하나 가지고 얼마나 떠들고 있는지 한번 생각해 볼 일이다.

우리는 꽃을 꽃나무 자체에 국한시키고 있다. 장미 꽃나무며, 모란 꽃나무며, 수국 꽃나무며.

그러나 한번 생각해 보라. 꽃이 없는 과일나무가 어디 있는가. 복숭아꽃이 피는 나무에서는 복숭아가 열리고 능금 꽃이 피는 나무에서는 능금이 열리고 배꽃이 피는 나무에서는 배가 열리지 않는가.

꽃 그 자체만으로도 좋지만, 꽃만 피우고 마는 나무보다는 꽃이 지고 나서 과일이 열리는 나무에 더 큰 복이 있음을 우리는 볼 수 있다.

한 개의 풋고추가 있기 위해서도 한 떨기의 고추 꽃이 핀다. 한 개의 가지가 있기 위해서는 보랏빛으로 피어나는 한 떨기 가지 꽃이 핀다. 한 알의 완두콩이 있기 위해서도 파란 물빛의 완두콩 꽃이 핀다.

지금쯤 참외 밭에는 노오란 참외 꽃이 소박하게 피어 있을 것이다. 이어서 호박꽃등도 터지고 박꽃도 하얀 입술을 수줍게 열 것이다. 그런데 가만히 보면 꽃들은 절대 다른 꽃들을 부러워하지 않는다는 사실을 알게 된다.

제비꽃은 제비꽃으로 만족하되 민들레 꽃을 부러워하지도, 닮으려고 하지도 않는다.

어디 손톱만 한 냉이 꽃이 함박꽃이 크다고 하여 기 죽어서 피지 않는 일이 있는가.

싸리 꽃은 싸리 꽃대로 모여서 피어 아름답고 산유화는 산유화대로 저만큼 떨어져 피어 있어 아름답다.

사람이 각기 품성대로 자기 능력을 피우며 사는 것, 이것도 한 송이의 꽃이라고 나는 생각한다.

자기다운 자기 꽃을 지닐 때 비로소 그 향기가, 그 열매가 남을 것이 아닌가.

# 뼛속의 보석

얼마 전 정명화·경화·명훈 어머니인 이원숙 씨의 자녀 교육 수기집을 읽었다.

우리가 익히 아는 대로 이분의 아들인 명훈 씨와 경화·명화 자매는 세계적인 음악인이다. 물론 음악이나 미술은 타고난 재능이 있어야 한다. 그러나 그 숨겨진 재능의 씨앗을 알아보고 거기에 물 주고 거름 주어 재목으로 키우는 노력 또한 재능 못지않게 중요한 일이다.

이 어머니는 부모의 책임 가운데 첫째로 '아이의 얘기를 귀담아듣고 행동을 유심히 지켜보면서 아이의 소질이 어디에 있는지를 알아 그 방면의 길로 인도해 주는 것'이라고 말하고 있다.

나는 시골 출신으로 고향의 자연 속에서 자란 환경에 대해 크게 감사하는 사람 중의 하나이다. 그러나 시골을 고향으로 가진 사람이 손해 보는 것이 하나 있다고 생각하는데, 그것은 개개인의 소질이 자못 묻히기 쉽다는 것이다. 내가 어렸을 때 우리 사촌 형은 돌팔매질을 기가 막히게 잘해서 나뭇가지에 앉아 있는 새도 심심찮게 떨어뜨리곤 했었다. 또 중학교에서는 그림에 있어선 신동이라는 별명을 가진 친구도 있었다.

그런데 지난겨울에 고향에 가보니 돌팔매질을 기가 막히게 잘하던 나의 사촌 형은 그 소질과는 전혀 무관하게 정미소 일을 하고 있었고 중학교에서 그림 신동이라고 불리던 나의 친구는 극장의 간판 그리는 일을 하면서 살고 있었다.

만일 그들의 부모가 정명화·경화·명훈 어머니처럼 소질을 살펴보고 그 소질을 키우려고 노력하였더라면 어떻게 되었을까? 한 사람은 프로 야구의 유명 선수가 되었을지도, 그리고 또 한 사람은 화가가 되었을지도 모를 일이다.

이원숙 씨는 이런 말도 하고 있다.

"보석은 어디 갖다 놓아도 보석으로서 그 영롱한 빛이 변치 않는다. 사람이 실력을 키운다는 것은 몸속에 보석을 품는 것이나 다름없다. 우리가 궁할 때 보석이 돈이 되듯 우리가 곤경에 처할 때 실력은 힘이 된다."

유대인들의 자녀 교육 명언인 '고기를 잡아 주면 하루치 양식밖에 되지 않지만 고기 잡는 방법을 가르쳐 주면 평생의 양식을 구할 수 있다'는 말과 같은 것이다.

그런데 내가 정작 이분한테 감동한 것은 미국으로 건너가 남들이 비웃는 나이인 44세에 비즈니스 클래스에 꼴찌로 입학해서 일등으로 나왔다는 사실이었다.

장사하는 틈틈이 공부하는 일이 쉽지 않아서 그만둘까도 생각해 보았지만 자식들한테 의지가 약한 어머니로 보일까 봐 그렇게 하지 않았다는 것이다.

이분은 친정아버지가 남긴 말씀을 좌우명처럼 지니고 있는데 그것은 이렇다.

'부모가 바른길로 나아가야 자식들도 바르게 나아간다.'

# 이런 생산 저런 소비

고향에 사는 조카가 일요일 하루 일을 엽서에 빽빽이 적어 보내 왔다.

"아버지와 함께 만든 비닐하우스에 고추 싹이 그새 한 뼘 정도나 자라 있었습니다. 손가락으로 그중 작은 이파리 하나를 톡 치니 눈물처럼 쪼르르 흘러나오는 물방울이 있습니다. 다시 흙을 묻히겠지만 경운기 바퀴를 물로 씻었습니다. 낮에는 어머니를 따라 들에 나갔습니다. 개구리들 노랫소리가 요란하였습니다. 어머니는 못자리를 보시고 나는 논둑을 우우우 하고 달렸습니다. 퐁당퐁당 개구리들이 물속으로 들어가 잠수를 합니다. 돌아서니 그들은 다시 나와 노래를 하데요. 나도 버들피리 만들어 불었습니다. 어머니가 뱀 나온다고 그만 불어라 하실 때까지 불었습니다. 못자리에서 나온 어머니와 함께 저수지 가로 가서 고둥을 한 양푼 주웠습니다.

물론 어머니가 한 주먹씩 잡았을 때 저는 대여섯 개가 고작이었지요. 네 잎 클로버를 찾았습니다. 여기서는 내가 이겼지요. 내가 네 개를 찾았을 때 어머니는 고작 한 개였거든요. 돌아오는 길에는 안산으로 올라가 고사리를 꺾었습니다. 아직 제철이 아니라서 많이 꺾지는 못했습니다. 나는 싸리 꽃도 한 가지 꺾었는데 한 가지만으로 들여다보니 별로 예쁘지가 않았습니다. 싸리 꽃처럼 작은 꽃들은 한데 어울려야 예쁘다는 것을 비로소 알았습니다."

그런데 도시에 나와 살고 있는 나의 지난 일요일 하루 일과는 이렇다.

"늦잠을 자다. 11시 30분에 회사 직원의 결혼식이 있어서 서둘러서 퇴계로로. 장터 같은 북새통 속에서 한동안 떠든 뒤 정릉으로. 거기는 친지의 회갑 연회였는데 가는 도중에 길이 막혀서 30분이나 늦게 도착. 이번에는 '미안합니다'를 전화기의 자동 응답기처럼 남발하고 파김치가 되어 돌아오니 집에는 후배가 와서 기다리고 있다. 건질 것 하나 없는 푸념만 늘어놓고 후배가 돌아간 뒤 한동안 텔레비전 시청. 그리고 잠."

내가 여기서 말하고자 하는 것은 도시와 전원의, 흙과 아스팔트, 여유와 혼잡의 상반 관계가 아니다. 그것보다는 생산과 소비라는 점이다. 한쪽은 고추 모에 물을 주고, 못자리를 살피고, 고둥을 잡고,

고사리를 꺾는 생산적인 활동인 데 비해서 다른 한쪽은 결혼·회갑 잔치에 인사치레로 다녀야 하고, 그렇고 그런 만남이나 갖고, 텔레비전이나 보는 지극히 소비적인 일과라는 것이다.

  걱정되는 도시 문화의 병폐가 아닐 수 없다.

# 나를 챙겨 준 방문

간혹 학생들이 찾아올 때가 있다. 때로는 그냥 얼굴이라도 보고 가겠다는 독자도 있고, 학교 신문 또는 교지의 편집을 담당하고 있다며 인터뷰를 하자고 조르기도 한다.

어제도 그와 같은 학생이 둘 찾아왔는데 자기네 학교 교지를 만드는데 내 기사를 실으려고 네 쪽을 비워 두었다는 것이다.

어린 학생들의 뜻이 순수하기도 해서 "그래, 물을 것이 있으면 물어보세요" 했더니 대뜸, "선생님의 작품을 보면 선생님은 고향을 끔찍이도 사랑하는 것 같던데 과연 선생님의 고향도 선생님을 그렇게 사랑할까요?" 하는 것이다. 신문·방송 인터뷰에도 심심찮게 응해 보았지만 이런 질문은 처음 받는 것이다. 나는 당황해하며 "글쎄…… 나만큼은 사랑할 것 같지 않은데……" 했더니, "왜 그럴까요?" 하고 다그친다.

나는 한참 동안 생각한 뒤 고향이 나를 사랑하지 않을 이유를 이렇게 설명했다. "신발 문수가 다르니까. 내가 고향과 함께 어우러졌던 때의 나의 신발이란 작은 어린것에 불과했었거든. 그런데 고향을 떠나온 지금은 얼마나 커져 버렸느냔 말이야. 고향이 그리워하는 나의 신발은 지금의 것이 아니라 어린 날의 것인데 발이 줄어들지 않는 한 고향과 한데 어우러졌던 그 시절을 다시 갖기란 어려운 일이지. 그러니까 이제는 고향으로 돌아가고 싶어도 돌아가지 못하는 대기권 밖의 위성 같은 존재야."

이 말을 마치고 가슴속으로 흐르는 갓물 같은 보랏빛 슬픔을 느끼고 있는데, 이번에는 여학생이 묻는다. "선생님이 잊지 못하는 고교 시절의 선생님은요?" 하고.

이때 나는 문득 내 안쪽에 숨어 있는 한 선생님의 얼굴을 떠올렸다. 허구한 날 다른 때는 보이지 않다가 이때서야 이 선생님이 생각난 것은 오랜만에 갓물 같은 슬픔이 쓸고 지나가서 본살이 나타난 때문이리라.

중2 시절 식목일이었다. 산에 나무를 심으러 갔는데 놈팡이 기질이 좀 있던 나는 배당받은 묘목을 바다 밑에 팽개쳐 버리고 친구 몇과 놀았었다. 그런데 이 사실이 당시 우리 학교의 호랑이 선생님으로 유명하던 물리 담당 이 선생님한테 들통나고 말았다.

선생님은 우리를 엎드려뻗치게 하고서 몽둥이로 후려 패면서 말씀하셨다.

"내가 이렇게 때리는 것은 너희 놈들의 게으름이 미워서가 아니다. 아까운 생명을 죽이려 한 그 몰지각이 한심스러워 패주는 것이다. 너희들이 던져 버린 그 묘목이 후일 자라서 땔감도 되고 기둥감도 될 수 있는 것을 왜 막는단 말이냐. 말을 못해서 그렇지, 묘목들의 원망이 이 산을 온통 울리고 있을 것이다. 오늘 맞은 것을 기억하고 앞으로는 하찮은 것이라도 생명 있는 것들은 절대 중히 여겨야 한다."

귀찮게 생각했던 학생들의 방문이 뜻하지 아니한 나의 '나'를 챙겨 준 셈이 되었다.

# 없어지는 아이들

봄이 짧아졌다. 중순께까지 눈이 오고 매운 바람이 부는 3월이 가자 봄꽃이 활짝 활짝 피는가 싶더니 어느새 주위에서 덥다는 소리들이 나오고 있다.

길거리에 반팔 셔츠를 입은 젊은이들이 하나 둘 나타나는 걸 보면 어느새 봄은 가고 있는 모양이다.

이렇게 봄이 짧아진 것은 지구가 각종 공해에 의해 더워지는 결과라고 하는데, 나는 짧아진 것이 또 하나 있다고 생각한다. 그것은 어린이 시기다. 사실 나이만 어릴 뿐이지, 하는 말도 행동도 어른 같은 애늙은이들이 얼마나 많이 늘어나고 있는가.

며칠 전에 서울 시내 한 초등학교의 교감 선생님을 만났더니 이제 입학한 지 두 달밖에 안 된 일곱 살짜리가 유리창 깨진 일에 대해 이렇게 말하더라고 했다. "선생님, 저는 그 사건에 결백을 증명할 명백한 증인이 있어요"라고.

나도 초등학교 3학년인 척 아이한테 동화책을 선물했다가 "사람이 물하고 대화를 한다는 것은 이치에 맞지 않습니다"라는 독후감을 들었다.

우리 집에는 열두 살 난 딸아이가 있다. 그런데 하루는 리시버를 귀에 꽂은 채 잠들어 있는 딸아이의 라디오를 치우다 말고 놀란 적이 있었다.

딸아이가 듣고 있던 프로는 내가 고등학교나 대학에 다닐 때 들었던 심야 팝송 프로였던 것이다. 내친걸음에 딸아이의 책상 주변을 살펴보니 책받침도 사랑에 대한 시구투성이였고 벽에 붙어 있는 사진도 가수의 얼굴이었다.

언젠가는 몇 가족이 어울려 야유회를 갔었다. 그런데 동요를 부른 것은 오히려 어른들이었고 아이들은 CM송이나 유행가를 청승맞게 불러 댔다. 이제는 어린이에게까지 동심을 가지라고 호소해야 할 처지가 되고 만 것이다.

이렇게 어린이가 없어져 가는 이유는 어디에 있을까. 함께 향유하는 전자 매체의 발달에 있는 것은 아닐까. 물론 식생활의 향상에 의한 어린이들의 신체 발달도 한 요인으로 꼽을 수 있다. 실제로 생리 현상도 전에 비해 훨씬 낮은 나이에 이뤄지고 있는 것이다.

그러나 이 점은 전자 매체의 발달이라는 요인과 견줄 바가 못 된다고 생각한다. 각 가정에서 TV 채널권이 어린이들에게 넘어간 지 오래지 않은가 말이다. 거기에서 다른 건 말고 광고 한 가지만 보자. 이미 성의 비밀까지도 그들은 활용하고 있다.

　어린이란 비밀 상자를 가진 층이라고 나는 생각한다. '왜'라는 질문이 많기도 한 그들이 '비밀' 자체이기도 할 때 순수가 빛나고 꿈이 있다고 보기 때문이다. 그러나 아직 분별력이 성숙하기도 전에 비밀의 뚜껑이 열리고 충동만 남아서 자랄 때 결과는 불을 보듯 뻔한 것이다.

# 나이 많은 아이님

며칠 전 동화를 쓰는 신예 작가 몇 사람과 얘기를 나누던 중 나는 이런 발언을 했다.

"좋은 동화란 함께 느끼게 해주는 것이다. 작은 아픔도 그리고 쌀톨만 한 기쁨도 독자가 그 이상도 그 이하도 아니게 함께 느낄 수 있게 하는 것, 그것이 좋은 작품의 판별 기준이다."

현대는 불감증의 시대라고들 말한다. 불의를 불의로 함께 느끼지 않으며 분노를 분노로 함께 끓일 줄 모른다. 불의나 분노나 인식할 뿐이다. 그런데 이 문제의 불감증은 어른들한테 만연되어 있는 병이기도 하다.

그러나 아이들을 보라. 그들은 함께 느낀다. 옆 아이가 예방 주사를 맞을 때 구경하는 아이도 같은 공포를 느끼며 울음을 터뜨린다. 작은 기쁨에도 함께 환호하며 병아리의 아픔까지도 함께 느끼고서 신음한다.

현대 예술가들이 '어린아이와 같이 되지 않고서는 들어갈 수 없는 문'에 대해서 절망하고 있는 것도 이런 연유일 것이다.

사실 현대인들은 욕망에 너무 매여 있다. 그 욕망 때문에 바른 것을 헛보고 지나며 바르게 말하지도 않는다. 어쩌다 바르게 행동하는 사람을 보면 '순진하다'고 표현하는데, 그 말은 곧 '세상 살 줄 모른다'는 비아냥이다. 어째서 순진무구한 사람이 '바보'로 지칭받아야 하는가.

어렸을 적 우리 고향에는 아이들과 강아지, 심지어 황새까지도 그 사람이 지나가면 멀거니 고개를 빼서 건너다볼 뿐 도망가지 않고 따르던 이가 있었다. 우리가 다닌 학교의 잡역 일을 하시던 분이었는데 지금 같은 봄이면 꽃씨가 밟혀 죽으면 어쩌냐며 화단 곁을 지날 때는 발부리로 걸음을 걷던 사람이었다. 어린 우리들과 술래잡기를 하다가 곧잘 술래가 되던 분. 어쩌다 우리가 잘못해 벌을 서기라도 하면 함께 울먹이기도 하던 분. 이분을 가리켜서 우리 동네에서는 '바보 이샌'이라고 불렀지만, 그러나 업신여기지는 않았다.

지난겨울에 나는 노환으로 입원해 계시는 한 수녀님을 병원으로 찾아간 일이 있다.

나이가 많으신 분이라서 달리 할 말도 없고 해 짧은 동화를 한 편 읽어 드렸다. 그런데 수녀님의 표정이 수시로 변하시는 것이었다. 약간의 우스개에도 호호호 웃으시고, 신맛을 느끼는 부분에서는 정말

신포도를 입에 댄 듯 얼굴을 찌푸리고, 약간의 슬픈 표현에도 눈에 눈물이 그렁그렁 고이시고……. 나는 이때 '사람의 익은 모습이란 바로 이렇게 느낌을 함께하는 것이구나' 하고 생각했었다.

제2차 세계 대전 때 나치 수용소의 감독관이었던 하임 지노트는 이런 어록을 남겼다.

"나는 인간으로서 못 볼 것을 보고 말았다. 숙련된 기술자들에 의해 가스실이 채워졌고, 아이들은 고등 교육을 받은 과학자들에 의해 중독되어 죽어 갔다. 유아들은 훈련된 간호사들에 의해 살해되었고 여자들은 대학 졸업반 학생들에 의해 총살되기도 하였다. 그래서 나는 교육을 의심하고 있다. 나의 간절한 바람은 교육자들이 학생들을 인간으로 교육시켜 달라는 것이다. 교육자의 노력이 숙달된 괴물이나 숙련된 정신병자, 동물성 똑똑이만을 길러 내서는 안 된다. 글을 읽고 쓰는 일, 역사나 수학 등은 그것이 학생들을 인간으로 만드는 데에 도움이 되는 것이어야 바른 교육이다."

그렇다. 나는 나, 너는 너로서만 존재할 뿐, 함께 느끼지 못하는 데서 현재의 인류병은 깊어져 가고 있다.

# 마침표와 첫 마음

오랜만에 친구를 만났습니다. 지난 초겨울에 만나고 여름이 막 시작되는 이제 만났으니 그와 나 사이에는 그동안에 봄 한 철이 빠져나가고 없는 것입니다.

친구는 나의 위아래를 훑어보더니 이렇게 말하는 것이었습니다.

"눈, 코, 입, 귀하며 팔, 다리하며 다 있을 데 제대로 있네, 뭘."

나는 이 친구가 왜 이런 말을 하는지 의아하였습니다. 그런데 친구는 이런 말을 덧붙이는 것이었습니다. "시내 곳곳에 있는 교통사고 현황판을 볼 때마다 겁이 더럭더럭 나는 것이야. 저 사망자 네 사람 가운데 내 아는 사람은 없는가, 저 다친 사람 2백 명 가운데 내 친지도 있을 텐데 하고 말이야."

정말 그렇습니다. 현대의, 치사율이 가장 높고 백신이 나와 있지 않은 병이 '교통사고'라고 하듯이 우리는 사실 여기에 무방비 상태입니다.

언젠가 대학 동기가 맥주를 한 병 비우고 운전대에 앉으면서 하는 말이 걸작이었습니다.

"나는 술 한잔 마시고 면허 딴 사람이라서 술 마시고 하는 운전이 정상일세."

그러나 그렇게 자신만만하던 친구도 사고를 당했다는 전갈이 와서 찾아갔더니 웃음을 잃고 천장만 쳐다보고 있었습니다. 하나뿐인 우리의 목숨에는 연습용이 없다는 것을 비로소 알았다고 했습니다. 그런데 바로 어제는 선배 한 분이 차 사고로 아예 우리 곁을 떠나갔다는 부음을 들었습니다. 며칠 전까지만 해도 낭랑한 목소리로 전화를 걸어 준 분이었습니다.

나는 어떤 자동차 회사의 사보에 연재물을 하나 게재하고 있습니다. 짧은 우화를 그림과 함께 싣는 난이지요. 언젠가는 〈급살병〉이라는 것을 쓴 적도 있습니다.

이 '급살병'의 1기, 그러니까 초기 증세는 입속에 담배 니코틴 같은 욕지거리가 끼면서부터 비롯됩니다.

"죽고 싶어 환장한 녀석이군."

"뭐, 저따위 인간이 다 있어."

"미친놈!"

이보다 더 심한 욕 소리를 하는 사람도 나는 많이 보았습니다. 그러나 운전하시는 분들은 신기하게도 자기 또한 그 욕을 고스란히 얻어먹는 당사자이기도 하다는 것을 모르고 있는 것 같았습니다.

이 '급살병'의 2기는 부쩍 서두름으로 나타납니다. 오른손에 웃옷을 들고, 왼손에 벗겨진 신발을 신을 틈도 없어 들고 가는 듯 그저 조급하기만 합니다.

10분만 빨리 준비하면, 아니 5분만 먼저 나섰더라도 그렇게 숨이 차지 않으련만 차 빠르다는 것을 믿고 게으름을 피워 게으름 자체가 습관이 되었기 때문에 늘 숨이 차고 새치기하려고 눈치만 발달됩니다.

내 탓이 아닌 네 탓 증세가 이 병의 3기입니다. 모든 것을 덮어씌우려 들며 그 요령 계발에 열을 올리는데, 이때에 이르면 보행인조차도 더러 강아지처럼 귀찮아 보이기도 합니다.

나는 말하고 싶습니다. 당신도 보행인 출신이지 않습니까. 보행인으로서 부득이 그렇게 횡단하지 않으면 안 되었던 경험이 있지 않습니까. 횡단보도에 걸쳐 있던 차한테 발길질을 하려 한 적도 있지 않습니까.

무엇보다도 자만이 이 급살병을 골수로 파고들게 합니다. 곧 4기이지요.

"이 정도야, 뭘."

바로 이 자만의 발밑에서 소리 하나 없이 활짝 열리는 문이 저승문인 것입니다. 그리하여 우리나라의 경우 하루 평균 30여 명이나 되는 사람들이 이곳에서 저쪽으로 사라지고 있다는 통계가 있습니다.

이 급살병에 대한 나의 처방은 지극히 간단합니다. 지금 그 오만의 마음을 초보자의 마음으로 바꾸라는 것입니다. 처음 차에 오르던 날의 가슴 두근거림, 그 긴장과 환희 속에서의 기도를 되새기라고.

수도자들에게 늘 강조되는 것이 '첫 마음'이라고 나는 들었습니다. 수도에 막 입문하던 날의 그 열렬한 마음이 지속되지 않고서는 험난한 세파에 쉬 휩쓸리게 되듯 첫 마음의 온전함이 아닌 한순간의 방심한 헛눈 팖으로 우리의 생이 금방 끝나게 될지도 모를 일 아닙니까.

# 몸의 녹슬기

얼마 전에 나는 올해 76세나 되는 원로 소설가 한 분을 찾아갔다. 지금도 양주 반 병 정도가 주량인 이분은 중년의 우리와 아주 정정한 모습으로 술 대작을 하였다.

이분의 건강 관리란 아침에 생수를 한 컵 마시는 것. 저녁 식사 후 10여 분 달리는 것밖에 없다고 한다. 그러나 나는 이내 이분의 자주 일어남을 보고 '저것이구나' 하고 건강 비법을 알아냈다고 감히 말할 수 있다.

그분께서는 최근 허리가 아파서 고통을 받고 있노라고 했다. 그런데도 안주가 부족하면 안주 가지러, 책이 필요하면 책 가지러, 술 주전자가 비면 정종 데우려고 서너 시간 동안 스무 번도 더 일어나시는 것이었다.

부인도 계시고 가정부가 주방에 있음에도 불구하고 손수 나서시는 것이다. 일반적으로 나이가 들고 지위가 높아지면 '모심'을 받는 것이 우리네 풍토이다. 전에는 일일이 찾아가서 물어보던 것도, 그리고 가져오던 것도 보고를 받고 인터폰으로 지시하면 된다.

심지어 저만큼 떨어져 있는 재떨이조차도 손가락질로 가져오게 한다. 그리하여 할 수 없이 일어나야 할 때 일어나려면 안 아프던 허리도 새삼스럽게 아프고, 세상만사 귀찮아지는 것이 점점 많아져 간다고 들었다.

바로 이것이 '몸의 녹슬기'라고 본다. 움직이지 않는 기계에 쉬 녹이 슬지 않던가.

개화기 서양 선교사와 의사가 테니스하는 것을 보고 '저런 땀 흘리는 일은 종을 시킬 일이지, 왜 직접 나서서 하느냐'고 물은 우리네 고위층도 있었다.

그러나 '쉼 없는 움직임'처럼 좋은 운동이 어디 있겠는가. 시골에서는 구박받는 노인이 오히려 장수한다고 한다.

싫든 좋든 일거리가 주어져서 끊임없이 일해야 하므로 생명력이 실해지고 있다고 봐야 할 것이다. 대신 잘 '모심'을 받아 움직임이 둔해진 노인은 이내 영원히 굳어져 버리지 않던가.

작년에 나는 한동안 외국어 학원을 다닌 적이 있었다. 그런데 거기에서 새삼스럽게 느낀 것은 나의 암기력이 대학생들에 비해 월등 떨어진다는 사실이었다.

학생 시절에는 나도 당일치기 공부로 시험을 보곤 했었는데, 이제는 어림도 없었다. 그러나 응용력은 그들보다도 단연 앞선다는 것을 깨닫고 실소를 쏟았다.

그동안 암기 기능보다도 응용 기능에 의지한 직장 생활의 편력이 여실히 드러났기 때문이다.

근래에는 특히 오너 드라이버가 늘고 있다. 자동화가 선호를 받는 추세이다. 어떻게 생각하면 지극히 편해져 가고 있는 현실이지만, 한편으론 우리의 생명력이 그만큼 '모심'을 받아 무기력하게 주저앉고 있는 중이다.

몸도, 마음도, 머리도 쉬지 말고 움직여라. 그것만이 당신의 장수 비결이다.

# 간절한 삶

때로 사람은 남의 장례식이나 병문안을 인사치례가 아닌 생의 충전을 받기 위해서도 갈 필요가 있다고 생각한다. 공동묘지에 가면 죽은 사람도 많고 병원에 가면 아픈 사람도 많은 평범한 사실 앞에서 자신의 삶에 대한 성찰을 가질 수가 있는 것이다. 남의 죽음 앞에서 살아 있음의 존귀함을 새삼스럽게 깨닫기도 하고, 건강하다는 것 하나만으로도 행복을 느끼기도 한다.

그런데 근래에 지구 무게와도 같은 자신의 생명을 스스로 버리는 일을 부쩍 많이 보게 된다. 과중한 학교 공부의 공포에 못 이겨 자살하는 어린 학생들이 느는가 하면 자신들의 주장이 관철되지 않았다 하여 죽는 이들도 있다.

심지어 언젠가는 얼굴에 여드름이 많이 난다 하여 고층 아파트에서 떨어져 자살한 여학생에 관한 신문 기사를 보고 아연한 적도 있다. 그래 여드름이 자신의 생을 포기할 만한 절망이었는가 말이다.

나는 얼마 전에 한 권의 책을 받았다. 어떤 방송국에서 일하는 분이 보내 준 것이었는데 처음에 나는 감수성 시대의 소녀들이 방송국에 보낸 엽서들 묶음집으로 알았다.

그런데 한 쪽 두 쪽 읽어 가는 동안에 나는 사정없이 가슴을 강타해 오는 감동을 받았다.

그것은 골수암을 앓고 있는 열일곱 살 소녀가 스무 살까지만이라도 살고 싶다는 강한 생의 기도문이었던 것이다.

"요즘은 하루하루 감사하며 살고 있어요. 살고 있다는 것이 지금처럼 감사하게 느껴진 적이 없어요. 세상의 모든 것이 사랑스럽고, 곱게 보여요. 하다못해 굳어 버린 내 두 다리까지 예뻐 보여요……."

"전 그렇게 슬프지 않아요. 그저 서운할 뿐이에요. 처음 얼마 동안은 밥도 안 먹고 울기만 했지만 이젠 안 그래요. 더 이상 식구들을 괴롭혀선 안 되겠다는 생각이 들어서예요. 이제 더 이상 나 때문에 다른 사람을 아프게 하지 말아야겠어요. 이렇게 내가 떠나고 나면 남아 있는 사람들에게 차마 못할 짓을 하는 것이라는 걸 전 알아요."

"살고 싶다는 말은 안 하겠어요. 단지 조금만, 조금만 더 오래 있고 싶어요. 스무 살이 될 때까지만이라도 살고 싶어요. 아직 난 너무 어린데 조금만 더 이 세상에 섞여 있고 싶어요."

"밤에 잠을 자는 시간이 아깝다고 생각해 보신 적이 있으세요? 전 요즈음 밤이고 낮이고 잠을 자고 싶지 않아요. 내가 깨어 있을 수 있는 시간이 얼마 남지 않았다고 생각하니 도저히 잘 수가 없어요. 시간이 너무 아까워요. 혹시 눈을 감고 자다가 다음 날 아침에 눈이 안 떨어질까 봐 겁이 나 잠을 잘 수가 없어요."

이렇게 생은 간절한 것을!

# 단상

바람과 구름 — 매인 데 없는 그들을 나는 어렸을 적부터 동경하였다. 그런데 지금 나는 왜 이렇게 스스로 많이 매놓았는지.

*

윤석중 선생님으로부터 듣다.
어린아이한테 선생님이 팔을 살짝 꼬집으면서 물었다.
"얼마나 아프니?"
그러자 아이가 지체 없이 선생님의 팔을 꼬집으면서 한 대답.
"이만큼 아파요."

*

'성이 사랑의 그림자라면 성은 아름다운 것이다. 그러나 사랑은 유혹에 지나지 않고 성이 목적이라면 성은 추한 것이 되고 만다.'

\*

민방위 야간 훈련을 나갔다. "불을 끄시오, 불을 끄시오." 이렇게 외치고 다니다 보니 순식간에 하늘의 별들이 또록또록해진다. '별님들도 불을 끄시오' 하고서 혼자 웃다.

문득 스치는 생각.

'아, 하느님께서는 인간들이 폐허시킨 곳에도 별의 축복을 거두시지 않지.'

이 생각이 드는 순간 눈물이 핑 돌았다.

\*

나는 여유가 있으면 안 된다.
— 고흐

정말이지 나는 여유가 있으면 유혹을 받는다. 일하고 싶지 않은. 계속 흘러나 다니고 싶은.

\*

해 질 무렵. 나무의 가장 높은 가지조차도 까딱하지 않는다. 전번 풍수원 성당에 갔을 때 거기서 만난 분의 말이 떠오른다.

"우리는 서울에서 못 살 것 같아요. 어찌 그렇게도 빌딩에 가려서 나뭇잎 하나 꼼짝하지 않을 수 있습니까?"

그곳에선 지금쯤 들에 나간 남정네들이 돌아오고 있을 것이다. 닭들은 이제 후루룩후루룩 횃대 위로 올라갔을 터이고 장독대가에서는 접시꽃 소리 없이 지고 있을 것이다.

오늘 같은 날은 감나무 밑의 평상에서 수제비를 먹고 싶다.

\*

'승자는 길 닿는 방향이 자신의 뜻과 맞지 않으면 그 길 버리기를 두려워하지 않는다. 그러나 패자는 그 길이 어디로 향해 있든 간에 중도(中道)를 따른다.'

\*

이탈리아의 예수회 수사님 한 분이 병원에서 죽어 가는 병자들의 뒷바라지 일로 40년을 보냈는데 죽는 이들에 대한 이분의 증언은 이렇다.

"죽은 사람의 모습은 살아온 모습과 같다."

그러니까 자신의 생을 거룩히 살아온 사람은 거룩한 모습으로, 깡패의 삶을 살아온 사람은 깡패의 모습을 띠고 죽는다는 말이다.

나는 여기에 이런 말을 덧붙이고 싶다. '죽어 가는 사람의 모습은 새로 살러 가는 사람의 모습을 띤다'고. 이쪽의 죽음 순간은 저쪽에 막 태어나는 순간이라는 생각에서이다.

*

바람에 몸을 씻는 풀잎처럼(그린 샤워)
파도에 몸을 씻는 모래알처럼(블루 샤워)
당신의 맑은 눈동자 속에 나를 헹구고 싶다.

*

퇴근길. 전철을 탔다. 신문을 사려고 소년을 불렀다. 다가오는 소년한테 잔돈이 없어 천 원짜리를 내밀었다. 소년이 거스름돈이 없다며 신문을 그냥 주었다. "돈은 왜 안 받아?" 했더니 "다음에 만나면 줘요" 하는 게 아닌가. 하도 기특해서 멍히 섰다가 돌아오는 소년에게 돈을 건네주면서 말했다.
"다음에 네가 날 기억하고 신문을 네 번 주는 것이 훨씬 낫겠다."

*

기가 막힌 우리 속담 하나.
'가을에는 소 발굽에 고인 물도 먹는다.'

사랑과 눈이 같은 이유
어느 날 갑자기 예고 없이 나타난다.
순백이다.
처음 받아들일 때는 환희가 된다.
고요할수록 쌓인다.
제삼자가 섞이게 되면 빨리 녹는다.
끝날 때는 눈물이 된다.

*

한순간
목을 넘어오는 말을 한순간 다시 삼키기.
찌푸려지는 얼굴에 한순간 미소 짓기.
유혹에 몸이 떨릴 때 한순간 물러나기.
쫓고자 하는 액셀러레이터에 한순간 숨 고르기.
모두가 돌팔매질할 때 한순간 기도하기.
꽉 조여 오는 절망 앞에서 한순간 링컨을 생각하기.

\*

나의 3번

제일 좋은 시간: 지금.

제일 큰 손해: 친구를 잃는 것.

제일 큰 실수: 할 수 없다는 생각.

제일 행복한 것: 사랑.

제일 나쁜 마음의 악성 종양: 질투.

제일 필요 없는 재산: 자존심.

제일 좋은 선물: 미소.

제일 불필요한 사람: 불평만 하는 사람.

제일 좋은 언어: 침묵.

제일 쉽게 병으로 발전하는 것: 걱정.

# 5
# 그리운 산풀 향기

# 도둑질할 것이 없는 집

마당에 꽃이
많이 피었구나

방에는
책들만 있구나

가을에 와서
꽃씨나 가져가야지
— 피천득, 〈꽃씨와 도둑〉

이건 정말이다.
 이 댁에 칼 들고 들어간 도둑이 만일 이 집 주방의 무딘 부엌칼을 보았다면 아마 칼조차 줘버리고 나왔을지도 모르겠다.

청빈이란 바로 이 댁을 두고 나온 말이 아닐까.

현관을 들어선 사람은 선생님의, 10년도 더 신었을 검정 구두 곁에 여자 흰 고무신 한 켤레가 신발 코를 반듯하게 맞추고 있는 것을 볼 수 있을 것이다. 그리고 안으로 들면 20년도 더 된 듯한, 이제는 모서리마다 녹이 슬기 시작하는 냉장고와 반백 년이라는 세월에 그을린 책상과 손때 전 책 1백여 권을 볼 수 있다. 옆집 벽을 울리게 하는 것이 마음에 걸려서 어느 액자 하나도 벽에 걸지 않고 몇 점 안 되는 그림을 그저 방 귀퉁이에 기대어 놓고 있다.

거실 한편 구석에는 질화로가 있다. 헌 책상 위에는 손바닥만 한 사진틀이 있는데 거기에는 누렇게 퇴색한 선생님의 어머니 사진이 들어 있고 책상 밑에는 짚신 한 켤레가 있다. 어쩌다 손님이라도 와서 선생님이 "서영이 엄마" 하고 부르시면 이내, "네" 하고 초등학생처럼 대답하며 버선발로 달려 나오시는 사모님은 그 좁은 아파트 거실을 차 쟁반을 들고 종종걸음을 걸으신다. 사모님이 화장을 한 것은 결혼식 할 때 한 번뿐이었다고 한다. 그리고 머리방에 가서 파마를 해본 것은 선생님이 미국 하버드 대학에 교환 교수로 가 계셨을 때 한 번뿐이었다고 했다.

"왜 가슴이 두근거렸을까요?"

"서영이 아빠가 죄 없는 머리를 왜 부젓가락으로 지지느냐고 할까 봐······."

그러면서 일흔여덟 살인 지금도 손등으로 입을 가리고 웃으시는 사모님.

전쟁 중 피난지에서 닷 돈쭝 결혼 금반지를 끼고 있던 것을 '닷 돈쭝은 끼기에 너무 무겁지 않으냐? 내외간의 사랑은 결혼반지의 무게와 정비례하는 것이 아니다'는 선생님의 꾐에 넘어가 두 돈쭝으로 바꾸고 또 얼마 후에는 그 두 돈쭝 금반지를 '조강지처의 사랑은 반지의 빛깔이나 물질적 가치로 좌우되는 것이 아니다'는 꾐에 다시 넘어가 은반지로 바꾸어 '야미쌀'을 사다 먹었다지, 아마. 흰 고무신 바닥이 닳아서 때워 주는 데가 없나 하고 한나절을 돌아다니셨다는 사모님. 비닐봉지 세 개를 준비해 두고 그 봉지마다에 '재생 가능한 것', '빈 병 빈 깡통', '남은 음식물'이라고 써 붙여 놓고 동사무소에서 일러 준 대로 꼬박꼬박 가려 넣으시는 사모님. 이 댁의 두 분을 생각할 때마다 나는 푸른 하늘 쪽으로 눈이 가곤 한다.

# 그리운 산풀 향기

나는 간혹 산풀 마르는 냄새가 그리울 때가 있다. 도회지 사람들은 모르겠지만 산촌 출신 사람들은 안다. 억새며 청미래며 산쑥이며 엉겅퀴며 땅찔레……. 그런 것들이 함께 베어져서 널려 있는 산촌 집 마당. 여름 뙤약볕 아래서 마르던 그 산풀 냄새의 향긋함을. 나한테 어느 향기 못지않은 이 향기의 아련함을 알게 해주신 분은 김원철(金源喆, 전 정읍농고 교장) 선생님이시다. 나는 중학교와 고등학교를 지금은 굴지의 제철소가 들어서 널리 알려진 광양에서 다녔는데, 이 선생님을 중학교 3학년 때 만났다. 실업 담당 교사로, 우리 반 담임선생님이 무슨 교육 때문인지, 건강 때문인지 한 3개월 비웠을 때 대신 우리 반 담임을 맡아 주시면서 가까이 알게 됐다.

걸음이 유난히도 빠르시고 목소리가 걸걸하신 만큼이나 막걸리를 좋아하셨고 원예에 특별한 관심을 가졌던 것으로 기억한다.

무슨 심부름을 하게 되어서인지 나는 여름 어느 날에 선생님이 세

들어 살고 있는 산 아래 초가집을 찾아가게 되었다.

열려 있는 대문 안으로 들어서자 마당 가득히 널린 산풀이 마르면서 향긋한 냄새를 내고 있었다. 선생님은 그 전주 일요일에 산에 가서 한 지게 해왔다고 했다. 나무를 베면 안 되니 풀을 베어다 말려 땔감으로 쓰고 있다는 말이었다.

그 시절 시골 땔감은 연탄 이전이었으니 그럴 법도 한 일이었지만 이 사실이 아주 강하게 나한테 기억되어 있는 것을 보면 선생님이 그만큼 청렴했던 게 아닌가 싶다.

그해 늦가을이 시작되었을 때 선생님은 나한테 학비 감면의 혜택을 주고자 학교의 온실을 맡겼다.

그런데 나는 온실의 선인장이며 분재며 각종 꽃나무를 돌보는 일보다 소설이며 시에 빠져서 그곳을 독서실로 사용하고 있었다.

마침내 어느 날 온실로 들이닥친 선생님은 불같이 노했다. "네 이놈, 이 아우성이 들리지도 않느냐?"며 호통을 치셨다. 내가 "무슨 아우성이 들려요?" 하고 어리둥절해하자 "이놈이! 이것들이 목이 말라서 이렇게 처절히 아우성을 치고 있는데 알아듣지 못해?" 하시면서 철썩 뺨을 올려붙이는 게 아닌가.

그땐 심히 억울(?)하다고 생각했었는데 세월이 흐르면서 소리 없는 소리를 더 잘 알아들어야 하는 작가의 길을 걷게 될 줄이야.

후일 내가 어떤 자리에서 우연히 만나 이런 지난 일을 말씀드렸더니 선생님은 이렇게 더해 주셨다.
 "세상에서 자기가 하는 일을 이루려면 무생물이거나 생물이거나 상대와 대화가 통할 수 있어야 한다고 생각하네. 자네는 더욱이 동화를 쓴다고 하니 하잘것없는 돌멩이 하나, 검불 하나의 소리 없는 소리도 알아들어야 할 걸세."

# 작은 것으로부터의 사랑

사람들은 육체의 목이 마를 때는 물을 찾는다. 그리고 육체의 배가 고플 때는 먹을거리를 찾는다.

그러면 영혼의 목이 마를 때는 무엇을 찾는가? 그리고 영혼의 공복을 느낄 때는?

물론 종교의 《성서》를 읽는 것이라고, 또는 음악을 듣는 것이라고 대답할 분들이 많을 것이다.

여기에 나는 시(詩)가 한 잔의 생수 구실을 할 수 있을 것이라고 귀띔하고자 한다. 인생길이 팍팍하다고 생각될 때, 그리고 봄날의 저 화사한 햇살조차도 무료하다고 느껴질 때 시 한 수를 두런두런 낭송해 보시라. 그러면 더러 가슴에 녹색이 차 오르기도 하리라.

내가 시를 쓰는 이 수녀님을 처음 만난 곳은 서울 동자동에 있는 성 분도 병원이었다. 그날은 아침 이슬을 머금고 피어나는 수련같이 청순한 초여름 날씨였는데 병원 안은 크레졸 내음이 자욱하였다.

한참 후 나타난 수녀님은 위아래 가운이며 머릿수건까지 온통 하얗게 빛나고 있었다. 내가 "흰 구름이 드시는 줄 알았습니다" 하자, "제 본명이 클라우디아(구름)인 것을 어찌 아셨어요?" 하고 잔잔히 웃었다.

나는 수녀님과 대화를 나누다 문득 그 응접실에 크레졸 내음 말고, 열어 둔 문틈으로 기웃거려 드는 향기를 느꼈다.

그것은 아카시아 꽃향기였다.

아카시아 꽃향기와 크레졸 내음이 교차하는 그 방에서 생각나는 것이 있었다. 몸의 병을 알아보고 치료하는 병원과 마음을 닦으며 하늘의 길을 가는 수도자와, 몸을 지키기 위한 크레졸과 마음을 적시는 꽃향기와.

그날 나는 돌아오는 길에 수녀님의 동시 〈솔방울 이야기〉를 읽었다.

> 뒷산에 오를 때마다
> 한두 개씩 보물을 줍듯
> 주워 온 솔방울들이
> 여러 개 모여 있는 나의 방 안에서
> 그들의 산 이야길 들으며
> 산을 생각하는 파아란 기쁨

모두 저마다의 이야길 지녀
생긴 모습도 조금씩 다른 걸까

어느 날은 내게
숲 속에서 만난
산꿩 가족의 정다운 모습과
도토리 줍는 다람쥐의
귀여운 몸짓을 이야기해 주고
〔중략〕

책을 읽거나 글을 쓰다가
눈이 아플 때면
정든 친구 만나 보듯
솔방울을 본다

몸이 아파 하루 종일
혼자 누워 있을 때도
솔방울들 때문에
심심하지 않았지
그들의 바다 이야길 들으며

바다를 생각하는
파아란 기쁨
〔중략〕

　이렇듯 우리들은 하잘것없어서 지나치고 마는 솔방울인데도 수녀님의 속뜰에 들면 아름다운 친구가 된다. 그렇다면 우리는 그동안 눈뜬장님이 되어 있었다는 것이 아닌가. 열려 있는 귀머거리가 되어 있었으며.
　우리의 속뜰을 향해서는 감겨져 있고 멀어 있는 눈 중의 눈, 귀 중의 귀를 열어야 할 것이다. 그리하면 작은 솔방울한테서 청산의 위로를 받는 수녀님을 보듯이 검불 한 낱한테서 푸른 초원의 대화를 들을 것이며 모래알 한 알한테서 저 광활한 바다의 이야기를 듣게 될 것이 아닌가.
　우리는 흔히 깨우침이라는 것을 뇌성벽력으로 하늘이 열리고 땅이 갈라지는 천지개벽으로 말하고 있는 것을 보아 왔다. 그러나 그것은 도를 얻은 사람의 내적 변화에 대한 표현일 뿐, 이 세상에는 여전히 밤낮이 교차하고 바람이 흐르고 사계절의 순환이 계속되고 있는 것이다.
　내게는 이해인 수녀님의 방문에서, 그리고 시 한 편으로 하여 진리를 다시 짚어 보는 계기가 되었다.

그것은 인간을 넘어서 인생을, 꽃을 넘어서 향기를, 고통을 넘어서 법열을, 시공을 넘어서 영원을 보는 것도 사실은 작은 것의 사랑으로부터 시작된다는 평범한 사실이었다.

## 바다보다 싱싱한 그대

1987년 가을, 현대 화랑에서 있었던 일이라고 기억한다. '한만영 초대전'이 있다고 해서 갔더니 그가 계속해 오던 〈시간의 복제〉 시리즈였다.

다른 전시회에서도 그렇지만 알 것도 같고 모를 것도 같은 작품들 가운데서 '이 친구 봐' 하는 혼잣소리가 나오는 그림 하나가 있었다.

그것은 서울 청계천 8가에 있는 그 유명한 황학동 고물 시장에서 구했음 직한 됫박 하나가 턱 버티고 올라와 있는 액자였다. 그런데 그 됫박은 어찌나 오래 썼던지, 세월의 그을음과 사람의 손때가 버무려져서 꺼멓게 찌든 것인데 놀랍게도 그 됫박의 밑바닥에 푸른 파도가 남실거리는 바다가 그려 넣어져 있었던 것이다.

거기 그 바다는 됫박의 내세라고 해도 좋다. 아니, 그 됫박에 얽혀 있는 수많은 그들의 애환이 그처럼 바다로 나타난 전생이라고 해도 좋다. 아무튼 그 바다의 백사장에는 본래의 돌아올 배를 기다리는 듯한, 아니 흔적 없이 좌초해 버린 난파선에서 남은 닻처럼 보이기도 하는 시계 부속 톱니바퀴 하나가 비스듬히 서 있었다.

그렇다. 그것은 우리한테서 해체되어 버린 어떤 시간 한 편(一片)을 상징하고 있는 것이리라. 이제는 문자판도, 시침도, 분침도, 그리고 함께 물려서 돌아가던 이웃들도 없다. 그저 이 작가에 의해 바닷가에서 지난 추억이나 반추하며 앙상히 서 있는 것이다. 그것도 세월에 절고, 한숨은 보다 많고, 간혹 환희도 맛보았던 뒷박 안에서.

평소 나는 이 화가의 작품 앞에서는 약간의 주눅이 들어 있곤 했다. 어떤 것을 좀 물어보고 싶은데 그런 질문을 하면 나의 무식이 탄로 날 것 같아서 참고 참다가 겨우 한두 마디 부탁하면 무정하게 "그냥 봐" 하는 것이 그의 대답이다. 그러면 나는 "뭘 봐?" 하고 군대 시절 모자 챙에 써 넣고 다니던 선문(禪問)을 하곤 했는데 그때마다 한만영은 부처님이 꽃을 들어 보이자 가섭이 지어 보였다는 그런 미소를 띠곤 했었다.

그런데 이날은 내가 이 뒷박 그림 밑에서 씩 웃고 서 있자 그가 다가와서 "뭘 봐?" 하고 도리어 물어보았다. 나는 대답 대신 검지로 뒷박의 바다와 시계의 톱니바퀴를 가리켰고 순간적으로 그가 나의 어깨를 쥐어박았다. 나는 그때 '선사들의 선문선답도 이런 것이 아니었을까' 하고 생각했다. 긴 설명은 오히려 오해를 불러오기도 하는 법이다. 한순간을 통하면 그만인 것.

1980년 겨울 진눈깨비가 날리던 날이었다. 소설가 김승옥 선배께서 기가 막힌 화가가 있다고 해서 따라나섰다. 서울 삼선교 근처였다. 아래층이 가구점인 3층 건물의 2층에 그의 화실이 있었다. 그 무렵 이 화가가 즐겨 입고 다니던 코르덴 저고리의 가죽 댄 팔굽처럼 닳아빠진, 이 세상과 타협할 줄 모르는 화가의 화실은 가운데 버티고 있는 연탄난로만큼이나 퍼석하고 한기가 영 걷히지 않은 채였다. 그런 가운데 그 독특한 물감 냄새가 있었고, 지우다 만 모나리자의 얼굴 반쪽이 있었고, 거덜 난 라파엘로의 화집이 있었고, 그의 아들인 듯한 어린아이가 덕수궁 돌계단을 유유히 걸어가는 사진이 있었고, 실제보다 더 정확히 묘사된 조선 시대 이재의 초상화가 캔버스에 있었다. 그리고 앵그르의 누드에는 도로 표지판을 이제 막 그려 넣은 듯 물감이 아직 마르지 않은 채로 있었다.

거기 그들 속에서 그는 넓은 이마와 고집을 봉합한 듯한 강한 눈매로 맞아 주었다. 그런데 그런 그한테서 두 가지가 이상하게 느껴졌다. 그중 하나는 편협(?)할 것 같은데도 편함이 있는 것이었고, 외로운 것 같은데도 넉넉함이 있는 것이었다.

술자리에서도 마찬가지였다. 술기운에 말은 좀 많아지는 것 같은데도 할 말만 하고, 술이 들어가면 함부로 토해 내게 마련인 그런 헛소리는 없는 것이었다. 그런데도 이상하게 밉지가 않다(술값도 꼭 자기가 치러야만 시원해한다). 이것이 이 화가의 이상함의 세 번째이다.

그와의 술 이야기가 나오면 떠오르는 삽화가 있다. 대학로에 봄비가 내리던 날로 기억한다. 그는 나를 찾아올 때 전화 거는 일이 없다. 지나는 길에 어떻게 지내는지 보고 싶어 왔다면서 훌쩍 바람처럼 들렀다가 바람처럼 사라지곤 한다. 그날도 그는 안개비 속에서 안개비 같은 엷은 미소를 띠고 나타났다. 때도 저녁이고 해서 우리는 누가 먼저라고 할 것도 없이 후적후적 명륜동 시장 골목으로 들어갔다.

우리가 찾아든 곳은 푸줏간을 겸하고 있는 소줏집이었다. 내온 소주병을 가리키며 내가 그한테 물었다.

"여기에 든 게 무어게?"

"갑자기 무슨 소리야?"

"바보같이, 자기가 그려 넣어 놓고도 모른대."

"무얼 그려 넣었다는 거야?"

"그거 있잖아."

내가 '그거'라고 한 것은 그의 작품 〈병〉을 말한다. 조니워커 병이 실제 그대로 캔버스에 옮겨져 있는데, 그러나 그 병 속에 들어 있는 것은 술이 아니었다. 놀랍게도 그는 거기에 흰 구름과 파도가 밀려드는 바닷가를 잡아넣어 놓았던 것이다.

"자, 흰 구름 한 잔 받아라."

그도 지지 않고 대꾸한다.

"자, 파도 한 잔 받아라."

"이번에는 뭐야?"

"바람이야."

술에 취하자 이번에는 그가 요구했다.

"동화 작가, 소주 한 병 가져와 봐."

나는 진로 소주병에다가 볼펜으로 적어 넣었다. 채송화 꽃, 봉숭아 꽃, 달개비 꽃, 개망초 꽃, 청개구리, 달팽이, 귀뚜라미, 따개비.

"자, 채송화 꽃 한 잔 받아라."

"이게 뭐야? 오, 그래. 너는 따개비 한 잔 받아라."

다른 사람들은 우리가 이렇게 소주잔을 가지고 킬킬거리는 것을 보고 별 미친놈들 다 보았다고 하였을는지 모르지만 이미지를 빼버리면 시쳇말로 시체인 우리들 세계가 아닌가.

그의 작품에는 벽, 전기 스위치, 시계 부속품, 달력 그림 같은 것마다에 흰 구름 혹은 바다가 물려 있다. 비닐 장판이 푸른 바다와 연결되는가 하면, 멀리 수평선이 아스라이 내다보이는 모래사장에 물방울이 있기도 하고, 대롱거리는 깃털 하나가 세워져 있기도 하고, 풋솜 같은 흰 구름이 사각의 상자 속으로 기웃거려 들기도 한다.

어디 그뿐인가. 시계 장치가 째각대는 그 곁에 백제 왕릉 입구 너머로 깜짝 놀라게 바다가 활짝 펼쳐져 있기도 하고, 심장을 빼내 버린 전화통에 신기하게도 수화기의 반쯤이 청명한 푸른 하늘로 변화하고 있기도 한다.

나는 그의 집에 딱 한 번 가본 적이 있다. 전에는 안암동 산꼭대기에서 살았었다고 했는데 이번 역시도 중곡동 산날망에 그가 사는 연립 주택이 있었다. 그의 집으로 올라가는 산길 양편으로 아카시아 숲이 짙었다. 마침 5월이라서 그의 좁은 마루에 앉아 있으니 아카시아 향기가 거기까지 진동하고 있었다.

"아카시아 향기가 좋지? 서울에서 이런 데는 드물 거야."

그는 자기 혼자 서울 아카시아 꽃향기를 다 포식하는 듯 연방 자랑이었다. 나도 산동네를 전전해 본 경험이 있으므로 "아내도 좋아해?" 하고 물어보았다. "그럼, 좋아하지." "정말?" "정말이야." 그는 초등학생처럼 눈을 끔벅거리며 "속아만 보았나, 뭐?" 하였다.

그러나 내가 실례라고 해도 좋을 이런 관심을 표한 것은 그의 침실 내부가 너무도 빈약(?)해 보였기 때문이다. 장은, 옷장은 물론 신발장도 없었다. 옷은 세탁소처럼 간이 옷걸이 진열대에 걸려서 비닐에 덮여 있었고, 책도 전축도 벽돌을 쌓고 판자로 건너지른 간이 칸막이 사이에 박혀 있었다. 그러니까 그의 살림살이란 보자기 몇 장이면 다 쌀 수 있는 것들이었고 나머지는 전부 그림들이었다.

사실 예술을 택한 사람들에게 있어서 이 세상은 유배지라고 생각한다. 바위 덩어리를 굴리고 저 험한 산등성이를 향해 가는 시지프스들인 것이다. 이미 이 땅에서의 영화는 이쪽을 선택한 순간 반납하고 대신 고독과 고통을 받았다고 나의 이 친구는 생각하고 있으리라.

그래, 이 세상에서 부잣집 개처럼 배불러 늘어지고 호사해 보았자 얼마나 가졌는가. 여행객의 가방처럼 꼬리표 한둘 있는 명예를 지녀 보았자 무엇에 쓰겠는가. 죽음을 유예시킬 수 있는가. 작품에 보증이 되는가.

친구여, 무소의 뿔처럼 고독하나 당당하게 계속 너의 길을 홀로 가라. 그대 앞에 그대가 신의 메시지로 받아들이는 색깔, 우주의 수수께끼가 있지 않은가. 일이 없는 인간처럼 불행한 인간은 없다. 그러나 그대 앞에는 색깔 천지이다. 일거리 아닌 것이 없다. 색깔이 있는 한 그대의 환상은 계속될 수밖에 없다고 했지 않은가.

친구여, 무소의 뿔처럼 멈춤을 거부하고 계속 너의 길을 홀로 가라. 그리하여 날이면 날마다 허물을 벗고 마침내 천상의 선으로, 색으로 찬란히 비상하라.

# 꽃보다 아름다운 향기

인류가 문명의 발달과 함께 점점 맑아져 가는 것이 아니라 개인의 이익 추구와 쾌락 탐닉으로 더욱더 혼탁해져 간다면, 오늘 우리들과 함께 살고 있는 사람들 가운데서 신화로 남을 사람이 있다고 나는 믿는다.

그중에 나는 '부산에 성스러운 의사가 있었다'라고 쓰고 싶은 분이 있는데 장기려 박사님이 바로 그 사람이다. 사실 장기려 박사님에 관한 미담 몇은 이미 전설로 들어가 있기도 하다.

부산 어느 병원에 유명한 내과 의사가 한 분 있는데, 이 사람이 숙직을 하는 날이면 돈이 없어 퇴원을 못 하고 있는 환자들을 뒷문으로 몰래 내보내는 통에 병원 측이 이 사람한테만은 숙직을 안 시키려 한다는 소문이나, 어떤 거지가 상상도 할 수 없는 수표를 내미는 통에 가게 주인이 경찰에 신고를 했는데 거지가 훔친 것이 아니라 적선을 받은 것이라고 굳이 고집하기에 수표 추적을 해보니 어떤 유명한 의

사가 거지한테 월급을 봉투째 건네준 것으로 확인이 되었다는 소문이 바로 그것이다.

나한테도 원로 문인 윤석중 선생님으로부터 들은 일화가 있다. 그것은 막사이사이상 수상자들의 모임에서였다고 한다. 한 사람이 홀몸인 장기려 박사님한테 "결혼 안 하십니까?" 하고 물었다고 한다. 그러자 장 박사님은 그게 무슨 말이냐는 듯 "왜 결혼을 해요?" 하고 되묻더라는 것이다. 그 사람이 "혼자 사시잖아요?" 하자 장 박사님은 "아내가 있어요" 하고 간단히 대답하더라는 것. 그래서 곁에서 "아내가 어디에 있습니까?" 하고 묻자 "북한에 있어요" 하고 대답했다는 것이다. 장 박사님의 너무도 담담한 그 대답에 모두들 숙연히 입을 다물었다는 것이다.

부산 고신 병원 맨 위 꼭대기에 있는 10층 숙소로 박사님을 찾아뵈었을 때 박사님은 나한테 사람은 '참사랑'을 해야 하는 것이라며 '참사랑'에 대해 이렇게 정의해 주셨다.

"진리이며, 헤어져 있어도 변하지 않는 것이며, 몸은 죽으나 이는 죽지 않고 영원히 사는 것이다."

이미 아시는 분들은 다 알고 있는 사실이지만 장 박사님은 남쪽에는 자신과 둘째 아들이, 그리고 북쪽에는 아내(김봉숙 여사)와 아들 둘, 딸 둘이 헤어진 채로 까마득히 살아가고 있는 나님 가족 그 자체이다.

"참사랑은 시간과 공간도 어찌할 수 없는 거예요. 나는 그것을 젊었던 날에 느꼈어요. 아내는 빨래를 하고 나는 책을 보고 있었지요. 햇볕 따사로운 봄날이었는데 문득 더함도 덜함도 없는 사랑이 느껴지는 것이었어요."

그것이라고 했다. 6·25전쟁이 일어난 1950년 12월 3일 평양의 종로 거리에서 생이별한 후 어느덧 반백 년이 되어 가는 오늘까지 박사님의 사랑은 참사랑이기 때문에 함께 있지 않아도 함께 있는 것으로 느끼며 살고 있다는 것이다.

어느 시인이 꽃은 져도 향기는 남는다고 했던가. 나는 꽃은 보이지 않아도 향기로 그 아름다움을 알 수 있다고 말하겠다.

장 박사님의 향기. 그 눈보라 시절인 1950년대의 부산 영도에 군용천막 세 개를 치고 시작한, 가난한 이들을 위한 청십자 병원에서 태동한 우리나라 의료 보험의 효시인 청십자 의료 보험을 누가 아름다운 전설이 아니라고 할 것인가.

장 박사님이 이런 삶을 살게 된 연유는 두 가지가 있다고 했다. 하나는 의과 대학(경성의전)에 진학하고자 하며 '하느님, 저를 의과 대학에 다니게 해주신다면 저는 평생 빈자들을 돕는 의사 생활을 하겠습니다'라고 기도한 데 대한 약속 이행이며, 또 하나는 북쪽에 남아 있는 가족들에 대한 남다른 생각에서이다.

월급을 받아도 생활비 한 푼, 학비 한 푼 전할 수 없게 된 상황에서 한탄한다고 막혀 있는 길이 열리는 것도 아니었다. 박사님은 자신의 일터에서 불쌍한 사람들을 위해 열심히 일하고 도와준다면 북에 남아 있는 불쌍한 가족들에게도 누군가가 도움을 줄 것이라는 믿음이 있었다.

그런데 이것이 기적 아닌 실제로 나타났다. 얼마 전 미국에 있는 친척으로부터 북한에 있는 팔순이 넘은 아내의 편지를 전달받은 것이다. 장남은 약학 준박사로(함께 남하한 둘째 아들은 현재 서울대 의대 교수로 재직 중), 셋째 아들은 물리학 준박사, 그리고 큰딸과 작은딸도 잘 성장하여 출가하였다는 소식이었다.

나는 박사님과 함께 푸른 송도의 바닷가를 거닐면서 그 편지를 받고서 어떠하였느냐고 물었다. 그러자 박사님은 "혼자 방에 들어가 이불을 뒤집어쓰고 실컷 울고 나니 속이 좀 뚫리는 것 같았어요" 하면서 소년처럼 수줍은 미소를 지었다. 나는 그때 안 해도 좋을 말을 했다. "박사님의 소식을 들은 사모님은 더 많이 우셨을걸요" 하고.

그러나 이 두 분의 눈물은 얼마나 행복한 것인가. 참사랑을 믿는 것을 살아생전에 확인할 수 있었으니…….

나는 지금도 두 분의 그 가슴을 생각하면 콧등이 찡하니 울려오곤 한다.

# 천국 지도를 가진 여자

종종 편지를 띄우는 일보다 편지를 받는 일이 더 많아졌다. 친지보다도 독자들의 편지가 심심찮게 오기 때문이다.

한동안은 꼬박꼬박 답장을 내곤 했다. 그러나 언제부터인가는 특별한 경우를 제외하곤 미안하지만 답신을 못 보내고 있다.

일종의 글 결벽증을 앓고 있는 나로서는 엽서 한 장을 쓰는 데도 여간 끙끙대지 않는다. 그런데 보내오는 편지들에 일일이 회신을 쓰자면 하루 시간을 온통 그 일에 다 털어 넣어도 부족하기 때문이다.

대신 보내 준 편지들을 잘 간수하고 있다. 어렵게, 그것도 얼마나 간절히 보내 준 것인데 함부로 버릴 수가 있겠는가.

지난 추석에 나는 선생님 댁에 인사차 들렀다. 언제나처럼 선생님은 소년처럼 미소 띤 얼굴로 차를 내온다, 술을 내온다 부산하셨다. 그러고는 또 언제나처럼 이런 얘기, 저런 얘기를 나누시다가 "시간 있수?" 하고 물으신 다음, 방으로 들어가 묵은 2백 자 원고지를 들고 나오셨다.

"에밀리 디킨슨이라는 여류 시인을 알고 계시겠지? 이분은 초등학교 문턱도 밟아 본 적이 없을뿐더러 평생 고향을 떠나 본 적이 없는 사람이에요. 이분의 시 가운데서 내가 번역해 본 것인데 한번 읽어 볼래요?"

나는 선생님이 건네주시는 누렇게 바랜 원고지에 또박또박 연필로 옮겨 놓은 시 〈나는 황야를 본 적이 없다〉를 낭송하였다.

　　나는 황야를 본 적이 없다
　　바다를 본 적도 없다
　　그러나 히스 꽃이 어떻게 피고
　　파도가 어떤 것인지 안다

　　나는 하느님과 이야기한 일이 없다
　　천국에 가본 적도 없다
　　그러나 나는 그 장소를 확실히 안다
　　마치 지도를 가진 것처럼

시가 하도 좋아서 거듭거듭 읽다 말고 나는 문득 이 시와 꼭 같지는 않지만 심정적으로 닮은 듯한 한 사람을 대한 적이 있는 것 같았다. 한참 골똘히 생각하던 나는 마침내 나한테 편지를 보내 준 사람 가운데 한 분일 것이라는 데 짐작이 갔다.

그날 선생님 댁에서 돌아온 나는 나의 편지 묶음 속에서 이 땅의 에밀리 디킨슨이라고 할 수 있는 박말애 씨의 짧은 글을 찾아냈다.

"저는 봄, 여름, 가을, 겨울, 비가 오나 눈이 오나 언제나 바다와 함께 살아가는 여인들의 이야기를 하려고 합니다.

여자 나이 27세라면 시골에선 결혼 적령기가 훨씬 넘은 노처녀이지만, 어촌에서 자란 저는 특별히 배운 것도 없었기에 해녀의 직업을 택했습니다.

저는 그래도 제가 하고 있는 이 일을 한 번도 미워해 본 적이 없습니다. 언제 보아도 아름답게 보이는 바다. 마지막 끝이 어딘가 하고 한정 없이 헤엄쳐 가고 싶은 바다. 그 속에서 숨 쉬며 그의 숨소리를 들으며 살아온 저는 지금까지 바다의 한 부분이 되었습니다.

저와 더불어 함께 살아가는 바다의 여인들은 서러움이 많습니다. 일찍 남편을 여의고 여자 가장이 되어 자식과 시부모님의 뒷바라지로 젊음과 청춘을 모조리 바다 속에 맡겨 버린 채 숙명인 양 살아가는 옥이 엄마, 그리고 호야 엄마, 그리고 또 빈곤한 가정을 보다 못해 그 가쁜 숨소리를 수평선 저 멀리 날려 보내는 많은 여인들.

그들은 그렇게 건강할 수 없고 아름다워 보일 수가 없습니다. 어떤 땐 하늘이 무거운 잿빛을 드리우고, 바다는 슬프지 않은 울음소리를 내면서 여인들의 마음을 공포와 두려움으로 가득 채우기도 하지만, 그러면 그런대로 여인들은 바다를 사랑하며, 바다를 애무하며, 황홀하고 능숙한 그들만의 춤을 춥니다.

그중에서 유독 미혼인 저는 막내라는 이름으로 통합니다. 그들은 긴 세월 동안 짠물에 절어 딱딱하게 굳어 버린 그네들의 살갗을 보여주면서 부디 좋은 사람 만나서 이런 생활 하지 않는 곳에 가서 잘살라고 입버릇처럼 말한답니다.

그러나 저는 아직도 바다를 떠나고 싶지 않습니다. 이제 군대에 간 쌍둥이 남동생들이 제대를 하게 되면 저도 결혼을 해야 하겠지만, 아직은 바다와 이별할 수가 없습니다. 여기 바다 속의 친구들, 해삼, 소라, 전복, 미역들과 헤어져야 할 생각을 하니 영 바다를 떠나고 싶지 않습니다.

특히 겨울 바다 속의 여인들과 헤어지고 싶지 않습니다. 그들은 바로 제 자신이니까요. 그리고 여기 바다는 나의 고향이니까요.

경남 양산군 기장읍."

# 흙이 참 좋다

김수환 추기경님을 찾아갔을 때 나는 몸에 상흔이 몇 개나 있느냐고 물어보았다.

"두 군데 있어요."

추기경님은 오른쪽 이마 위에 약간 함몰된 부분을 보여 주었다.

"네 살 때였는지, 다섯 살 때였는지, 아무튼 선산에 살 때였어요. 형을 포함한 동네 아이들이 일본 아이들하고 패싸움을 벌인 적이 있는데 그때 그 틈에 끼여 있다가 일본 아이가 던진 돌에 맞고 생긴 것이에요. 그리고 이건……"

이번에는 오른쪽 다리의 바지를 걷어 올리고서 정강이에 나 있는 허연 상흔을 보여 주었다. 그것은 군위에서 살 때 개울가에서 어른들이 가축을 잡으며 칼 가져오라고 심부름을 시켰는데 부엌칼을 가지고 달려가다가 찔린 자국이라고 했다.

"마음에는요?"

"마음에는…… 마음에는 빈자리가 있지요."

두 손을 모아서 유난히도 긴 인중에 대고 있던 추기경님이 한참 후 '늘'이라는 한마디를 더했다. 그러니까 마음에는 늘 빈자리가 느껴진다는 말이다.

그런데 웃을 일이 생겼다. 어머니(서중화 여사)가 마흔한 살 때 본 8남매의 막내라면서 이런 사실을 털어놓은 것이다.

"어머니가 나이 들어 나를 낳으셨기 때문에 젖이 없었나 봐요. 때마침 시집간 큰누나께서 아이를 낳아서 큰누나 젖을 얻어먹고 자랐어요."

내가 웃자 추기경님도 따라 웃으며 덧붙였다.

"우리 어머니께서도 딸이 애기 낳을 때 당신도 나를 낳게 되어 부끄러웠다 했어요."


추기경님이 태어난 대구 남산동 집터에는 지금 보성 주택 아파트가 들어서 있었다.

차 안에서 물었다.

"군위에서 사셨을 적에 어떤 것이 기억나시는가요?"

추기경님은 한창 피어나 있는 밭의 파꽃을 물끄러미 내다보면서 대답했다.

"여덟 살 때 아버지가 돌아가시고 형마저 대구 소신학교로 떠나간 뒤 어머니와 단둘이 살 때였어요. 행상을 떠나신 어머니를 기다리느라고 신작로에 나가 우두커니 서 있곤 하였지요. 그 무렵 서산에 해가 지면서 저녁노을이 떠요. 그러면 막연한 슬픔 같은 것이 가슴속에서 우러나면서 어디론가 떠나고 싶곤 하였어요. 산 너머에 포근한 고향이 있을 것 같은 그런 생각이었지요. 그러나 후일 산 너머로 가보면 포근한 고향은 또 하나의 산을 넘어가 버리곤 했지요."

맨 먼저 들른 군위초등학교는 추기경님이 대구 소신학교로 나오기 전, 그러니까 입학해서 5학년까지 다녔던 곳이다. 당시 소학교에서는 학생들이 나이가 많아 8세인 추기경님의 같은 반에만 해도 장가든 사람이 예닐곱 명이나 있었다 했다.

"글쎄 어떤 아버지가 아들을 자전거 뒤에 태우고 왔길래 봤더니 아들을 우리 교실에 데려다 주고 돌아가는 것이 아니라 자기는 상급반 교실로 들어가지 뭡니까."

나는 슬쩍 물어보았다.

"추기경님의 초등학교 적 성적이 궁금하네요."

"중간이었어요. 그땐 잘하면 갑, 못하면 병, 그리고 그 사이가 을이었는데 을이 대부분이었고 병도 있었던 것 같아요."

"갑은 하나도 없었는가요?"

"하나 정도가 있었는데……."

"어떤 과목이었는지 기억하십니까?"

"창가였던 것 같기도 하고……."

"어른들하고 공부했던 때이니 그만한 성적 얻기도 어려웠던 것 아닙니까?"

"그러나 같은 여건이었는데도 형님(동한, 신부, 1983년 선종)은 갑이 대부분이었어요."

그때 함께 동행한 국제 재활원 전성용 부원장이 슬쩍 한마디 얹어주었다.

"형님 신부님이 그러시는데 아버지가 돌아가셨을 때 공동묘지에 가서 흙을 한 줌 들고는 '형아, 흙이 참 좋다'라고 하시더랍니다."

여기에서 또 순진하기는 추기경님 같은 분도 없을 것이다 싶은 대꾸가 나왔다. 못 들은 척하고 그냥 있으면 될 것을 "난 기억에 없어요" 하는 것이 아닌가.

내가 말했다.

"그럼 어린 날에 한 말을 일일이 다 기억하고 있는 사람이 어디 있겠습니까. 상대방이 충격적으로 받아들여서 기억하고 있는 경우 말고는."

이때 추기경님 특유의 미소가 나왔다.

그런데 또 한 번 추기경님이 빙긋 웃은 일이 생겼다. 이제는 폐가가 되었을망정 추기경님의 그리운 집이 있는 용대동에 갔을 때였다. 읍장이 당시 추기경 집의 아랫집에 살았던 분이 생존해 있다면서 오토바이로 모시고 왔다.

  한복에 중절모를 쓴 이 박두선 옹은 올해가 팔순이라고 하였는데 추기경님의 얼굴을 유심히 들여다보더니 이렇게 말했다.

  "아, 쬐끔 알겠대이. 그런디 자네 서울 가 천주굔가 뭔가 하는 디 들어가서 영판 높이 돼버렸다며? 나 나중에 서울 가문 밥 한 그릇 술 한 잔 줄 수 있갔제?"

  군위를 떠나 한티 성지에 들렀다가 고갯마루를 넘었다.

  나는 물었다.

  "지난봄에 황인철 인권 변호사 장례 미사 때 하신 강론이 감명 깊었어요. 특히 왜 하느님은 이런 분은 일찍 데려가시는가 하고 자문하시던 대목요."

  "그래서 하느님이 계시지 않나 하고 의심하는 분도 있지요. 그러나 그럴수록 하느님이 안 계시면 안 돼요. 하느님이 계시니 그런 원망이라도 할 수 있는 것 아닌가요?"

  화제를 바꾸어서 나는 기억에 남는 선물이 있느냐고 물었다.

  "안동에서 신부 생활을 처음 할 때였어요. 어머니의 친구 분 되시는 이 마리아 할머니가 계셨는데 고백 성사를 하러 오실 때마다 계란 하나씩을 가지고 와서 꼭 당신이 보는 앞에서 먹으라고 채근하시곤 했어요. 한번은 명주옷을 해와서는 보는 데서 입으라고 어찌나 성화이시던지……."

산 아래 저녁 안개를 내려다보며 추기경님이 말을 이었다.
"사람한테는 세 사람의 자기가 있습니다. 곧 자기가 아는 자기, 남이 아는 자기, 그리고 자기도 남도 모르는 자기가요."
대구가 가까워지면서 추기경님이 문득 나한테 물었다.
"사람한테 고통이 없다면 어떻게 될까요?"
"몸만 자라고 마음은 자라지 않는 식물인간이지 않겠습니까?"
이번에는 내가 물었다.
"추기경님께서도 고통이 많으시죠?"
추기경님은 미소를 지은 채 차창 밖만 내다보았다.
어둠 속에 별이 뜨고 있었다.

## 물질을 티끌로 보아라

　봄날, 아침에 올라가는 가야산은 안개가 끼어서인지 골이 더 깊어 보였다. 간혹 다람쥐가 빠끔히 내다보는 산길에는 진달래 꽃망울이 잔뜩 부풀어 있었다. 입김만 살짝 불어도 톡 터질 것 같은.

　그러나 이들 진달래 꽃망울과는 반대로 내 가슴은 심히 움츠러들어 있었다. 그것은 이성철 종정을 만나 볼 수 있을까 하는 우려 때문이었다. 벌써 세 번째 내려갔다가 올라가는 길이었다.

　첫 번째는 무작정 올라갔다가 문전 박대를 당했고, 두 번째는 아랫절(해인사)에 가서 3천 배를 하고 와야 만나 주겠다는 조건에 걸려 물러 나왔었다.

　길동무가 있으면 대화가 있고 대화가 있으면 먼 길도 지루하지 않게 갈 수 있다. 동행이 되어 준 종정의 상좌인 원택 스님과 이런저런 말을 나누게 되었다.

　"큰스님의 성정은 어떠십니까?"

"수행들이 공부하지 않고 잠 많이 잔다고 방구들을 곡괭이로 찍어 버릴 정도로 괄괄하신 편이지만 인자하실 때 보면 엄동설한도 그 미소에는 녹지 싶습니다."

"이 기회에 큰스님의 일화 하나 들려주시지요."

"대구 팔공산의 성전에 계실 때 비둘기 한 마리를 키우셨답니다. 정이 들어서 비둘기가 스님의 어깨 위에도 앉고 스님과 장난치다가 심술이 나면 방 안에 오물을 뿌리곤 하는 사이였는데, 하루는 어떤 여신도가 찾아왔더라는군요. 진주 반지, 진주 목걸이를 요란하게 두른 이 부인한테 스님이 '이 세상에 어디 자랑할 데가 없어서 산에 사는 중한테 보석 자랑 왔느냐'고 하면서 진주 목걸이를 벗겨서 어깨 위에 앉아 있는 비둘기의 목에 걸어 주자 글쎄 비둘기가 훨훨 날아가서 영영 돌아오지 않았다더군요."

"스님과 큰스님과의 만남이 궁금하군요."

스님은 한참 망설이다가 입을 열었다.

"대학을 졸업하고 번뇌에 싸여 살 때였어요. 해인사에 원력이 크신 스님이 계시다는 소문을 듣고 찾아뵈었지요. 다짜고짜 스님께 한 말씀 주십사 했어요. 그랬더니 돈을 내놓으라고 해요. 그리고 '내가 바라는 돈은 너희들의 그 세상사 돈하고는 다르다. 아랫절 부처님께 가서 3천 배 올리고 오너라' 하는 거예요. 그래 그길로 당장 대웅전에 들어가 3천 배를 했지요. 하루 낮 하루 밤이 꼬박 걸린 것 같아요. 무릏이 벗겨지고 그야말로 기진맥진했지요. 흐느적거리며 스님께 올라가 청했지요. 스님이 바라시는 절돈을 장만했으니 말씀을 달라고요. 그랬더니…….”

"그랬더니요?"

"글쎄 '속이지 마라' 이 한 말씀만 하시고는 돌아앉아 버리시는 거예요. '속이다니요? 누가 누구를 속였단 말입니까?' 이렇게 항의해 보았지만 대꾸가 있어야지요. 처음에는 분합니다. 그런데 집에 돌아와서 몇 날 며칠을 곰곰이 생각해 보니 비로소 맑음이 떠오르는 거예요. 다름 아닌 내가 나를 속이고 있다는 것이 말이에요. 그것은 출가하고자 하는 내 마음이었거든요. 그길로 스님을 찾아와 머리를 깎았지요."

이 이야기를 듣다 보니 백련암에 닿았다. 그곳의 아침나절은 새들 세상이었다. 새들이 지붕이고 마당이고 마루고를 가리지 않고 날아다니거나 뛰어다니고 있었다. 상좌 스님이 종정이 계시는 염화실로 들어간 뒤 나는 손가방을 든 채로 토방 위에 우두커니 서 있었다. 참새 한 마리가 날아와서 길손의 비어져 나온 운동화 끈을 콕콕 쪼았다.

안에서 두런두런 얘기하는 소리 중에 "3천 배는 하였다더냐?"는 물음이 내 귀에 들렸다. 나는 나한테 묻는 것이 아니었는데도 엉겁결에 "안 하였습니다" 하고 큰 소리로 대답했다. 그러자 껄껄 웃음소리가 들리더니 "문 열어 줘라" 하는 말소리가 흘러나왔다. 이렇게 해서 나와 성철 스님의 대담은 이루어졌다.

"스님이 지금 느끼시고 계시는 것은 무엇인지요?"

"따스니까 다니기에 좋네."

"봄이면 젊은이들한테 봄바람이 난다고 합니다만……."

"꽃필 때 춤도 좀 춰 보는 게 좋지."

"프랑스의 작가 마르그리트 유르스나 여사는 현대 문명 사회의 미(美)는 사물의 경우 자연의 원리에 충실할 때라고 했습니다. 스님께서는 어떻게 생각하시는지요?"

"자연을 바로 보는 것이 참다운 미야. 화가는 자기 보는 대로 그리지 않는가. 그러나 눈을 뜨고 보는 사람하고 눈을 감고 보는 사람의 작품은 천지 차이가 있는 거지. 내가 자꾸 눈을 뜨면 광명이고 눈을 감으면 캄캄하다고 말하고 있는데 사람들이 눈을 뜨고 사는 것 같지만 실제에 있어서는 감고 사는 거야. 눈을 바로 떴을 때라야 '아, 내가 이제껏 감고 있었구나' 하고 깨닫는 것이거든. 꿈을 꾸면서 누가 꿈이라고 하는가. 꿈을 깨서야 '아, 꿈을 꿨었구나' 하는 거지. 자연, 자연 해도 보는 사람마다 다 달라. 산은 산이고 물은 물이나 그것을 바로 보기는 참으로 어려운 거야."

"스님께서 조금 전에 말씀해 주신 '바로 보는 경지'를 일반적으로 도(道)라고들 하는 것 같습니다. 그 도에 대해서 좀 더 자세히 설명하여 주십시오. 그리고 도를 깨치려면 어떻게 해야 하는지요?"

"도는 우주의 근본이며 만물의 자체이니 시공을 초월하고 시공을 포함한 절대체야. 따라서 만물 하나하나가 모두 도이며 현실이 곧 절대이지. 이 도는 인간의 마음속에 완전히 갖추어져 있어. 그러니까 마음을 바로 보면 도를 아는바, 이것을 깨쳤다고 하는 거야. 마음을 보지 못하는 것은 망상이 마음을 덮고 있기 때문이지. 구름이 해를 가리면 해를 보지 못하는 것과 같아. 해를 보려면 구름이 걷혀야 함과 같이 마음을 보려면 망상을 없애야 해. 망상이 티끌만큼이라도 남아 있으면 마음을 보지 못한단 말씀이야."

"그러면 스님, 도를 깨치면 어떻게 됩니까?"

"도를 깨치면 망상이 영영 소멸되어 소멸된 그 자취도 없게 되니 이것을 무심(無心)이라고 해. 망상이 소멸되어 무심이 되면 목석(木石)과 같으냐, 그게 아니야. 큰 지혜 광명이 나타나서 항상, 한결같이 영영 변함이 없어. 이것을 일여(一如)라 하는 거야. 보통 사람들은 깊은 잠이 들면 정신이 캄캄히 어둡지만 깨친 사람은 광명이 항상 일여하므로 아무리 깊은 잠이 들어도 마음은 밝아 있으니 이것이 깨친 증거야."

"운명에 대해서도 듣고 싶습니다. 그리고 운명이라는 것을 바꿀 수 있는지요? 있다면 그 방법을 일러 주십시오."

"인과(因果)가 있을 뿐이지 결정적인 운명은 없어. 콩 심은 데 콩 나고, 팥 심은 데 팥 나는 우주의 근본 법칙 그대로이지. 모든 결과는 노력 여하에 달려 있는 거야. 결과를 걱정할 것이 아니라 힘써 노력하면 좋은 결과가 자연히 따라와. 여기에 큰 자유의 원리가 깔려 있어. 어떤 사람은 결과가 원인에 반비례하는 일도 있다고 할지 모르나 이는 노력이 부족한 탓이지 운명은 아니네. 자력(自力)을 다했을 때 타력(他力)이 나타나는 것이야."

"스님은 지금 용돈을 얼마나 가지고 계시는지요?"

"내 손에는 한 푼 없으나 천하 돈이 다 내 돈이여."

"그러나 스님, 현실은 물질과 과학 만능이어서 돈 없이 사람다운 삶을 살기가 점점 어려워진다고들 합니다."

"그러니까 눈을 뜨고 바로 보란 말이야. 자기의 본모습은 광대무변한 바다와 같고 물질은 바다 위에 일어났다 없어졌다 하는 거품과 같은 것이네. 바다인 자기 가치를 알면 거품인 물질에 따라가지 않을 거 아닌가. 우리가 살고 있는 지구가 한없이 큰 것 같지만 끝없는 허공 속에서 볼 때는 보잘것없는 미소한 존재에 불과해. 지구도 이러하거늘 하물며 지구 상의 물질 따위는 더 말할 것도 없지. 인간이 바로 살려면 자기의 근본 가치부터 먼저 알아야 해. 자기가 순금인 줄 알면 순금을 버리고 먼지인 물질을 따라가지는 않을 거 아닌가."

"행복의 길을 구체적으로 말씀하여 주십시오."

"행복은 인격에 있지 물질에 있는 것이 아니라니까 그러네. 물질이 풍부하더라도 인격이 부족하면 불행하고 물질이 궁핍하더라도 인격이 훌륭하면 행복한 거야."

"일반적으로 돈 있고 높이 되는 것을 행복이라 합니다."

"그거야 어린애들 놀이지."

"일본의 스즈키 다이세쓰(鈴木大拙)라는 선학자(禪學者)는 눈(目)이 먼저 있었던 게 아니고 필요에 의해서 생겨난 것이라 했더군요. 그렇다면 마음도 필요에 의해서 생겨난 것인지요?"

"마음은 천지가 생기기 이전부터 있었어. 천지가 다 무너져도 마음은 그대로 있는 거야. 시간적으로도, 공간적으로도 우주에 꽉 차 있는 것이 곧 마음이지."

"스님의 어디를 찍어야 마음이 나타날는지요?"

"내 마음은 우주 전체에 퍼져 있으니 이 가야산 자락 아무 데나 찍어도 내 마음은 다 나타나."

스님이 자리를 옮긴 뜰에는 마악 목련이 터지고 있었다. 낮 예불이 시작되고 있었다.

1983년 4월의 일이다.

# 스무 살 어머니

**1판 1쇄 발행** 2006년 1월 9일
**1판 8쇄 발행** 2025년 6월 30일

**지은이** 정채봉
**펴낸이** 김성구

**콘텐츠본부** 고혁 양지하 김초록 이은주 류다경 이영민
**마케팅부** 송영우 김지희 강소희
**제 작** 어찬
**관 리** 안웅기 이종관 홍성준

**펴낸곳** ㈜샘터사
**등 록** 2001년 10월 15일 제1-2923호
**주 소** 서울시 종로구 창경궁로35길 26 2층 (03076)
**전화** 1877-8941  **팩스** 02-3672-1873
**이메일** book@isamtoh.com  **홈페이지** www.isamtoh.com

ⓒ 김순희, 2006, Printed in Korea.

이 책은 저작권법에 따라 보호를 받는 저작물이므로 무단 전재와 복제를 금지하며,
이 책의 내용의 전부 또는 일부를 이용하려면 반드시 저작권자와 ㈜샘터사의 서면 동의를 받아야 합니다.

ISBN 978-89-464-1530-0 03810

값은 뒤표지에 있습니다.
잘못 만들어진 책은 구입처에서 교환해 드립니다.